神・リピート集客術

「一見客」を
「一生客」に変える
「ボンディング接客」

スモールビジネス専門集客コンサルタント／
ジム経営者
日野原大輔

フォレスト出版

はじめに

流行っているサービス業がやっている たった1つのこと

はじめまして。日野原大輔と申します。

私は、都内で複数のスポーツジムを経営するかたわら、スモールビジネス専門コンサルタントとして、「リピーター客を3年以上つなぎとめる技術」を教えています。

私自身もスモールビジネスのオーナーです。

スポーツジム（ヨガスタジオ、ピラティススタジオ、パーソナルトレーニングスタジオ）は、いずれもスタッフが10人以下の小規模ジムですが、業界平均3倍の客単価を実現し、今では予約の取れないジムと言われるほど、リピート客であふれています。

知名度も資本力もない私が、なぜ、お店を流行らせることができたのか？

それは、ある**非常識な戦略**をとっているからです。

ひと言で表すと、

「集客には注力しない」

という戦略です。

その代わり、大切にするのは**「接客」**です。

集客に注ぐエネルギーが20％だとしたら、接客に注ぐエネルギーは80％です。

集客はもちろん大切です。経営で重要なのは「売上」です。売上に直結するお客さまを集めなければ1円にもなりません。

しかし、集客しただけではお客さまにはなりません。「またここに来たい」と納得させるだけのベネフィットがなければ、1回限りですぐにいなくなってしまいます。

開店当初は物珍しさから人が押し寄せたとしても、2回目に来店する人がほとんどいないというお店は山ほどあります。リピート客が定着せず、オープン1年未満で閉店するお店は60％とも言われます（出典：https://sharekitchen.net/blog/restaurantopenriskhedge/）。

「新規客の獲得」コストは、「リピート客の確保」コストの5倍

では、集まってきたお客さまをどうやってリピート客にするのか？

それは、接客にかかっています。

そして、何らかのメリットを感じて店に通ってくれるリピーターを増やすことによって、経営は格段に楽になります。

マーケティング用語に、新規客を獲得するには既存客の5倍のコストがかかるという「1：5の法則」がありますが、新規の集客ばかり追いかけていたら、スモールビジネスはあっという間に資金が底をついてしまいます。

つまり、小規模経営において、集客はデメリットのほうが大きいのです。

その反対で、私の経営するジムは、接客に力を入れることによって「リピーター」に支えられるストック型経営」を実現し、10年以上通ってくださる会員さんがたくさんいらっしゃいます。

「ストック型経営」を別の言葉に言い換えると「継続収入型経営」です。

1人のお客さまから得る利益は少なくても、その数を増やすことで継続的に収入を積み上げることができます。つまり、常に新しいお客さまを開拓する必要がなくなるだけでなく、たとえ「今月は新規のお客さまが1人もいなかった」としても、今ある蓄積で安定した収入を保つことができるのです。

ストック型経営の基本はリピーターであり、リピーターを増やすには「接客」によって自分たちのファンを増やすしかありません。

「お客さまと確実に心の絆をつくる」最強接客メソッド、大公開

接客の秘訣《ひけつ》は「お客さまと確実に心の絆《きずな》をつくること」です。この接客術を、私は、接着剤の「ボンド」にたとえし**「ボンディング（＝絆）接客術」**と名づけました。

この本には、お客さまとの絆をつくり、3年、5年、10年、20年、あるいは生涯にわたって、あなたの商品・サービスをリピートしていただくために何をすべきか、そのノウハウが詰め込まれています。

スモールビジネスの経営者はもちろん、これからスモールビジネスを始めようとしている皆さんが、リピーターを途切れさせない「ボンディング接客術」をマスター、実践することによって、私と同じように**「リピーターに支えられるストック型経営」**を実現していただきたいのです。

ボンディング接客術は、同業のスポーツジムだけでなく、英会話教室、おけいこ教室、セミナー講師、カウンセラー、コンサルタント、美容室、ネイルサロン、飲食店、歯科クリニックなど、スモールビジネスであればどんなジャンルでも応用していただけます。

次にリピーターであふれるお店をつくるのはあなたです。

お客さまが自らアクションを起こす、「ボンディング接客術」4つのステップ

「ボンディング接客術」は、人間関係が希薄になっている今の時代に必要な、「心の絆」をお客さまとともに築き、「お客さまが積極的にリピートしてくれる状態」をつくる方法です。

そのためには、次の4つのステップを踏む必要があります。

①マンツーマン・コミュニケーション

相性のいいサポーターだと思ってもらうための「呼吸合わせ」で、忘れられない存在になる。

②パートナーシップ

お客さまの「夢」「目標」を聞き出し、自社商品やサービス・技術で課題解決しな

がら、お客さまの目標の実現に向かって一緒に走る。

③プライベート・コミュニケーション

あえてお客さま扱いしないコミュニケーションで、「スタッフ」から「人生の相談相手」に昇格。

④感動の創出

お客さまと感動を共有することで、予約の「無限リピート」が可能になる。

この4ステップを踏むことで、お客さまは確実にあなたの「長期お得意様」になります。

1人のお客さまが週1回の来店で約2年間、100回通っていただければ、10人を10セッション行なうのと同じように「100の予約枠を埋める」ことができます。

また、1回のセッションの単価が2・5万円として、週1回来るリピーターが10人いるだけで、月100万円を2年間売り上げることができます。

「ボンディング接客術」の6原則

さらに「ボンディング接客術」では、お客さまとの強い絆をつくる上で、特に重要なポイントを「6原則」として掲げています。

原則1：ボンディング・タイミング（間）
原則2：ボンディング・ディスタンス（距離感）
原則3：ボンディング・ボリューム（会話量・相槌）
原則4：ボンディング・ボルテージ（興味づけ・アピール熱血度）
原則5：ボンディング・アチーブメント（目標共有）
原則6：ボンディング・インターバル（接触頻度）

本書では、これらの6原則についても詳しく解説していきます。

「ボンディング接客術」は、人が介入するビジネス、特にスモールビジネスに有効な方法です。

それは、マニュアルに頼らず、フレキシブルで小回りの利いた対応ができるからです。

たとえば、コインランドリーの経営は人がいなくても成り立ちますが、もしも、売り手と買い手の接触があれば、そこに好意、愛情、尊敬……など、人間らしい感情が発生します。

「感動」という言葉は、「感情が動く」と書きます。もし、あなたが自分の商品・サービス・技術で「お客さまに感動を与えたい！」と思っているなら、ボンディング接客術で、お客さまの感情を動かしましょう。

そうすることで、あなたとお客さまのハートと心がボンド（接着剤）でくっつき、長期にわたる「相思相愛関係」を維持できます。

神・リピート集客術◎CONTENTS

はじめに　1

第1章

うまくいくビジネスはリピートが9割

小手先の集客テクニックはお客さまに刺さらない　24
起業における「本当の壁」とは？
「本当の壁」に当たって気づいたこと
今さらブルーオーシャンを狙ってはいけない　29
なぜ「ブルーオーシャン」参入は危険なのか？
自分がやりたいことで、最小限のコストで集客する方法
対象客の望み&行動導線に、徹底的に合わせる
不況に強いのは「ちりつも少売」　35
リピーター心理の原点
コロナ後にお客が戻ってきた店、戻らない店の違い
「人の気」を集めるから、「人気店」になる　39

実力があっても人気者になれない人に足りないもの
人気度を計るために必要な3要素と計算式
知識も技術も超える「力」の正体
100人の新規顧客より1人100回の予約 44
「リピーターによるストック型経営」実現に向けた基本的な考え方
「新規客より既存客を大事にする」という発想
「本音で接客する」とはどういうことか?
お客さまが帰ってきたくなる「サードプレイス」の特徴 49
演じない自分でいられる場所
お客さまにとっての「サードプレイス」になるために
自分のサードプレイスから学んだこと
ファンは「お店」ではなく、「スタッフ」につけなさい 54
スモールビジネスが大手に勝つ、唯一の方法
お客さまに本気で興味を持つとは、どういうことか?
うまくいく商売の法則「リピーター8割:新規2割」 59
リピーターがいるメリット
店側は、リピーターをコントロールできない
リピーター客と新規客の理想的な比率
リピート客から新規客を紹介されたときの最大の注意点

第2章
どんなビジネスも「つなぎとめる技術」でうまくいく

一度の感動で「リピ決定」、一度のがっかりで「星1」の評価 66
初回客にまず伝えるべきこと
「なぜ」を伝える重要性
「なぜ」「誰を」をしっかり伝えても、リピート客にならない原因

お客さまは「通わなくなった理由」を説明しない 72
来なくなった理由の向こう側にあるもの
お客さまが黙っていなくなる前に講じたい接客メソッド
「マンツーマン・コミュニケーション」のやり方
「相手に寄り添う」とは、どういうことか?

「ボンディング」はスタッフとお客さまをつなぐ〝接着剤〟 80
いきなり接着させようとしない
接着する前に、お客さまの3つの情報を知る
良かれと思っても、まず細かく確認

「すぐに思い出される人」VS「スルーされる人」 86
「誰がやるか」で変わる
「高級ホテルの接客」と「小さな旅館の接客」では、求められるものが違う

お客さまの脳に刻まれやすいもの
エピソード以外で印象に残す方法

お客さまのサポーター＆伴走者になる 92
人は「変わること」に恐れているから、こちらができることがある
お客さまの夢・目標の実現に向けて伴走する
長期のパートナーシップを築くコツ

「間合い」がいいと、「息ピッタリ」の信頼関係ができる 98
「ボンディング・タイミング」の3つのポイント
間が合うと、人は素直になる

タイプ別で「間」の合わせ方を使い分けよ 102
ボンディング・ディタンスで、間合いを合わせる
相手の「間」に合わせるポイント
売れるアパレル販売員の間合い
会話量の理想的な割合——ボンディング・ボリューム

「無言の相槌」が最強のエンゲージメントをつくる 108
お客さまの本音は、最後に出てくる
傾聴力が身につく「うなずきの練習」のポイント

第3章

また会いたくなるコミュニケーション・テクニック

本心に気づかせてあげるのが最強のサービス 114
お客さま自身に気づかせるコツ
お客さまに結果を言語化させて、プロとして承認する
「1人ビジネス」は、専門性が期待されている 119
専門性がスモールビジネスの最強の武器
専門性をリピートにつなげる方法
お客さまが熱くなる「キラー話題」をつかみなさい 125
お客さまとの距離をグッと近づけるプライベート・コミュニケーションとは？
キラー話題の探り方
キラー話題が重要である、本当の理由
「買わないと損」「やらないと損」と思わせるテクニック 130
自分の商品・サービスの希少性は何か？
希少性の種類
「買ってください」より「売ってあげます」に人は集まる 135
商品・サービスに、絶対の自信があればできること
お客さま視点で、ライバル店を紹介する理由
自分の商品・サービスに自信があれば、返金はいとわないという覚悟

買ってもらわなくてもいいお客さまには無理に売らない
お客さまをほめていいシーン、ダメなシーン 141
お客さまに対して「お世辞になっていないか」と思ったら……
ほめ上手のコミュニケーション術
ほめる練習のポイント
ほめテクニック（上級編）
旧世代コミュニケーションの効力を無視してはいけない 149
自動化しないほうがいいサービス
アナログなコミュニケーションの効用
共通点の言語化で、「相棒感」を創出 155
ラポール形成力は、環境・経験で変わる
お客さまとの相性を意識したスタッフマネジメント
ラポール形成力を上げるテクニック

第4章

お客さまの「目的の裏側」を知る

お客さまは「メリット」より「ベネフィット」を求める 160
「メリット」と「ベネフィット」の違い
トレーニング業界での、メリットとベネフィットの違いとは？

あなたの商品・サービスの「ベネフィット」は何？
お客さまに未来の姿を想像させる——ボンディング・ボルテージ

お客さまの「隠れた目的」を知る3つの質問 166
「潜在ニーズ」のさらに深層にある「インサイト」を引き出せ
顧客インサイトを引き出す質問——ボンディング・アチーブメント
顧客インサイトを引き出す質問の使い方
お客さまとの会話を通じて、一緒に答えを見つけていく

「ワークライフバランスに沿わない」要望は却下する 174
自分の商品やサービスがお客さまの日常生活の一部になる喜び
お客さまのライフワークバランスを崩してはいけない
無理が生じるお客さまにやめさせる提言は、逆に信頼をつくる

目的達成の寸前に「次の夢」を語らせなさい 179
予約の無限リピートを実現する秘策——感動の創出
ダイエットのあとに見つけた次の夢
次の目標を設定する、理想的なタイミング
「この先、さらに素敵な世界がある」ことを教える

リバウンドする「劇薬」より「10年後の幸せ」を売る 185
未来の幸せを語る責任
10年後の幸せをプロ目線で語る

第5章

「スタッフ」から「人生の相談相手」になる方法

売っているのは、商品ではなく、あなた自身 192
「売っている人も商品の一部」の時代
「自分を商品化する」3つのポイント

どんな商品も「悩みを解決するため」に存在する 196
相手の心を開くボタンはどこにある？
相手の心のボタンを押すための2つの秘策
なぜ帰り際の雑談が大事なのか？

売り手が世界一の愛用者であるべきたった1つの理由 202
知識を知恵に変える方法
お客さま目線で見えてくる、新たな気づき

自己開示すると「特別な関係」が始まる 206
本音を聞き出すのが難しいお客さまへの対策法
お客さまの心の扉が閉じてしまう禁止事項
自己開示から生まれる3つのメリット

お客さまからの「相談ごと」は、「追い風」のサイン 211
もしお客さまから相談されたら……
ある保険セールスレディに学ぶ、信頼関係のつくり方

お客さまの「人生の一部」になれていますか？ 215
3年以上の付き合いは、知識も経験も超える
お客さまの人生に必要な存在たれ
「やっぱり、この仕事っていいな」と心から思えたこと
ゆるぎない信頼関係とは何か？

第6章 「お客さま」扱いすると「お客さま」が来なくなる理由——接客の落とし穴

お客さまを「神様」扱いすると「モンスター」が増える 222
「お客さまの言いなりになれ」ではない
ルールを破る人は、お客さまではない
スタッフと大切なお客さまを守るために

「広く浅くたくさん」集めるより、「狭く深く少なく」集める 228
スモールビジネスに合った市場規模がある
ターゲットに合った広告媒体、広告を出す時期を探る
ウェブサイトと紹介キャンペーンのポイント
見込み客を探しに行く「イベント出店」のポイント

お客さまに「先生」と呼ばれると、生涯の関係性ができる 235

「先生」という言葉だけの独り歩きにご用心
先生としてやってはいけないこと
「家でできること」を教えると、来店しなくなる 240
まず1回、断ったほうがいい理由
宿題を欲しがるお客さまの共通点と対処法
宿題を出さないほうが、再来店率がアップ!?
「同業他社」の批判は、「自信のなさ」の裏返し 245
同業他社の批判で、どんなメリットがあるか?
他業界のプロモーション手法を取り入れてみる
他社をリスペクトしつつ、自社をポジティブに伝える

第7章 お客さまがファンになる質問の仕方——予約のルーティン化

店に来なければいけない「仕掛け」をつくる 252
次の予約を取る、絶好のタイミングとは?
なぜ先に予約を取ったほうがいいのか?
開始前の予約取りは、お客さまにもメリットあり!?
直接言わずに、次の予約を取る「仕掛け」
リピートには「進捗チェック」が必須 258

変化を追いかけ、不安を取り除く
リピート率が上がる「アフターフォロー」のやり方

「目標達成」の絶対条件として「2回先」までの予約を取る 263
「2回先」までの予約を取るために、絶対やるべきこと
業種別で解説、2回先までの予約を取るアイデア

「オーダーメイド」で浮気防止 268
お金も人手もかからない、「オーダーメイド」サービスのつくり方
こんな「オーダーメイド」は逆効果

「あの話の続き」をしたくなる「雑談テクニック」 273
雑談が苦手な人のための、7つの雑談ネタ
雑談をリピートにつなげるコツ

顧客タイプ別「辞めたい」と言われたときの対応策 279
嫌われるのは承知で、コレを聞く
再び戻ってきていただける関係づくり

おわりに 283

装幀◎河南祐介（FANTAGRAPH）
本文デザイン◎二神さやか
編集協力◎潮凪洋介
ＤＴＰ◎株式会社キャップス

第1章

うまくいくビジネスはリピートが9割

小手先の集客テクニックは
お客さまに刺さらない

起業における「本当の壁」とは？

小さい資本でビジネスを始める場合、多くの起業家にとって最初にぶつかる壁は「集客」ではないでしょうか。

認知度が低いなかで、イチからお客さまを集めるためにどうすればいいか。いろいろ悩んだ末に、チラシやダイレクトメールを配ったり、ホームページを作成したり、ウェブ広告やSNS広告を活用したりすることもあるでしょう。業種によっては、無料のセミナーやイベントを開催することで、お客さまにとって有益な情報を開示し、認知度を高めようとするかもしれません。

手あたり次第に策を講じている段階においては、悩みはあっても、行動することで前に進んでいる実感があります。しかし、それは本物の壁ではありません。

本物の壁とは、たとえ集客できても、1回限りで誰もリピート客にならないことです。

がんばって集客しても、集客しても、自分の商品やサービスに価値を感じてお金を払ってくれるリピート顧客を見つけられないことこそ、大きな痛手であり、絶望であると思います。

その理由は、毎回毎回、初回のお客さまばかりだと、永遠に新規開拓のために労力もお金も使わなくてはならないからです。実は、これこそが自分が成し遂げようと思っているビジネスの速度が落ち、経営者として心の安定がなくなる元凶なのです。

たとえば、あなたがある街で新規ビジネスを始めたとして、そこには住民が100人しか住んでいないとします。その100人にヨガの「無料体験キャンペーン」の案内を出し、全員が体験に来てくれたのに、次の来店が1人もいなかったとしたらどうなるでしょう。

街の住民は全員あなたのことを知っているのに、誰も顧客にならない……。これでは商売になりません。樹木を焼いた灰で農業をするように、別の耕作地に移っていくしかなくなるでしょう。

「本当の壁」に当たって気づいたこと

私自身もこれに似た苦い経験があります。

あるスポーツクラブのトレーナーを7年務めた後、私は14年前に初出店を果たしました。そして、地域の人に向けて無料体験キャンペーンを打ち、20人が来てくれました。

スポーツクラブ時代は、体験で来た方の9割9分がその場で入会されていたので、「自分が店を開けば、絶対、リピート客になってくれるだろう」と、私はタカをくっていました。

ところが、いざふたを開けると、9割9分はおろか、次の予約をしてくれた人は1人もいませんでした。出店に向けて1年間入念に準備し、人生をかけて挑戦しようと起業したのに、まさかこんな結果になるとは……。

世の中から自分が全否定されたようで、夜も眠れないほど落ち込みました。

よく考えれば、以前は勤めていたスポーツクラブの「信用」という後ろ盾があったのです。さらには、トップトレーナーでしたから、「僕にはこの時間しか枠がないですよ」という希少性をアピールすることで、体験者のほとんどを獲得することができていました。

しかし、自分がお店を出したら、当然ですが、最初は顧客ゼロです。お客さまがいないのに、トップトレーナーも何もありません。希少価値も打ち出すことなどできません。


さらに、そのとき体験に来た40代とおぼしき女性のお客さまに言われたひと言は、生涯忘れられません。

体験レッスンが終わり、「ここのお店って、どういう人がターゲットなの？」と聞かれ、私は、「30代、40代の一般的な女性です」と答えました。すると、「だったら、トイレの便座ぐらい下ろしておいたほうがいいんじゃないの？」と。お恥ずかしい話ですが、それぐらいお客さま目線になることすらできていなかったのです。

ではこのとき、私はどうするべきだったのでしょう?

もちろん、店が認知されるためにも集客は必要です。しかし、無料や割引といった小手先だけの集客方法で、お客さまが「また来たい」と思ってくれるとしたら、答えはNOです。

それよりも、集客した大切なお客さまをどうやって次につなげていくか、「どんな接客をするか」、そこに注力すべきだったのです。

つまり、接客の仕方がスモールビジネスの運命を決めるわけです。

本書でお伝えする「ボンディング接客術」を事前に知っておくことで、あなたもリピート顧客を見つけ出すことができるはずです。当時の私より断然有利です。だって、「ボンディング接客術」を事前に知っているからです。

次の項目では、スモールビジネスにおいてとりわけ重要な「市場選び」について、話を続けます。

今さらブルーオーシャンを狙ってはいけない

なぜ「ブルーオーシャン」参入は危険なのか？

あらためて言うまでもなく、スモールビジネスの魅力は、「自分がやりたいテーマでビジネスができる」ところです。

しかし、スモールビジネスを立ち上げるに当たっては、もう１つ、大きな落とし穴があります。

それが**市場選び**です。

これから起業しようと考えている、もしくは、起業してまもなく、集客に困っている皆さんのなかには、

「自分はこれまで誰もやっていないサービスを高く売る自信がある」

「世界でオンリーワンのお店にしてみせる」

と思っている人がいるかもしれません。

それが実現すれば、本当にすばらしいことです。

ブルーオーシャン（＝競合のいない領域）に参入し、多くの人に求められれば、1人勝ちできる可能性もあります。

しかし、「こんな画期的なアイデアは、どこを探してもない！」と思い込んで漕《こ》ぎ出すのは少々危険です。特に小さい会社ほど、ブルーオーシャンを狙《ねら》ってはいけないのです。

その理由は、競合がいない領域とは、裏を返せば、これまで需要がなく、儲《もう》かった人がいない領域だからです。仮にそのサービスを支持する人がいても、市場規模を拡大するためには、莫大《ばくだい》な資金と時間がかかります。

ブルーオーシャンを狙うということは、それだけリスクが伴うのです。

自分がやりたいことで、最小限のコストで集客する方法

それよりも、レッドオーシャン（＝競合がひしめく領域）に目を向け、お客さまに目を止めてもらうことが大切です。競合がひしめく領域とは、先ほどの競合がいない領域の反対で、需要があり、市場規模が大きく、儲かる領域のことです。

まずは、お客さまが望むことに応え、そのなかで「自分がやりたいこと」を付け加えるのです。

実はそれがお金も時間もかからず、最も少ない労力で人を集めることができる方法です。

たとえば、私が独立を考え始めたときは、30～40代の働く女性の間で加圧トレーニングの人気が高まっていました。専用のベルトを脚や腕の付け根に巻き付けて圧力を加え、血液量を制限しながらトレーニングを行なうことで、一般的な筋トレと比べてより短い時間、軽い重量で筋肉に刺激を与え、脂肪が燃焼しやすい（太りにくい）体

になる。つまり、短期間でダイエット効果が期待できるというものでした。当時「タイパ（タイムパフォーマンス）」という言葉はありませんでしたが、まさに忙しい現代に合ったトレーニングだと確信しました。

そこであらたに加圧トレーナーの資格を取り、勤めていたスポーツクラブ内で加圧トレーニングのクラスを持たせてもらいながら、別の加圧トレーニングスタジオに修業に行き、スタジオ運営や予約システムの勉強もさせてもらいました。

あえてレッドオーシャンを「しっかり狙っていこう」と行動したのです。スタジオの名前も「日野原大輔スタジオ」では誰もわからないので「加圧スタジオ Lib（Life is beautiful）」とし、認知されやすいネーミングにこだわりました。

対象客の望み&行動導線に、徹底的に合わせる

ここで私が実現したかったのは、「普通のジムに行っても長続きしないような、30代、40代の女性をキレイにする」ということでした。今では加圧トレーニングはメニューの1つになり、ヨガスタジオ、ピラティススタジオ、パーソナルトレーニングス

タジオと3つのスタジオを経営していますが、このコンセプト（自分がやりたいこと）だけは14年前から少しもズレていません。

そして、「やせてきれいになりたいけれど、自分は三日坊主だ」と自覚している人に刺さるようにホームページのコピーや色合い、構成を組み立てました。

これもまた、レッドオーシャンであり、逆を言えば、多くのニーズが存在するテーマでした。

私の場合はさらに、乗降客数が多く、駅周辺に娯楽施設が多い場所を選び、駅から徒歩5分の場所にスタジオを開きました。お客さま目線で考えれば、そのほうが定期的に通うのに利便性がいいからです。

その反対で、人気のない駅ほど、また駅から遠くなればなるほど、お客さまにとっては不便で、通うことが億劫《おっくう》になります。

職人気質で自分の腕に自信がある人に限って、「駅から15分の立地でも、お客さまはリピートしてくれる」と思いがちですが、そんなことはありません。

立地が悪ければ、お客さまの日常の行動導線から外れてしまい、人目にほとんど触れることなく閉店してしまう可能性だって十分ありえます。

場所に関してもブルーオーシャンを選択してはいけません。くれぐれも、お客さまの望みに応えることを忘れてはいけないのです。

不況に強いのは「ちりつも少売」

リピーター心理の原点

「ちりつも」とは、皆さんもご存じのとおり「塵《ちり》も積もれば山となる」の略です。小さなものでも集まれば大きくなります。最近では、「ちりつも貯金」「ちりつもダイエット」といった言葉も当たり前に浸透していますよね。

ここで言う「ちりつも」は、1人のお客さまが繰り返しお店に来てくれ、それが積もり積もって大きな売上になるという意味です。100人が一気に来て、100万円を売り上げるのではなく、1人がコツコツ100回来て100万円を売り上げるほうが、時間はかかっても何倍も価値があります。

皆さんは**「ザイアンス効果」**という言葉をご存じでしょうか。

ザイアンス効果とは、接触する回数が増えるほど、その相手に対して興味や好感度が上がっていく心理学的効果のことです。あなたも、一度会うより二度目、三度目のほうが相手に親しみを感じ、「もっと知りたい」と興味を持つのではないでしょうか。

ビジネスもそれと同じで、接触する回数が増え、会っている時間の長さが伸びるほど、顧客との結びつきが強くなり、ヘビーユーザーが育ちます。そして、そんなお客さまを増やしていくビジネススタイルが不況に強いという話をしたいと思います。

コロナ後にお客が戻ってきた店、戻らない店の違い

近年の不況と言えば、やはりコロナ禍でしょう。世界中のありとあらゆる商売が何らかの影響を受けました。特に飲食店は、政府や自治体からの要請で営業を自粛《じしゅく》、その後、再開。ところが、客足が戻らず、閉店したところも少なくありません。ですが、一方で少しずつ常連客が戻り、以前と同じにぎわいを取り戻したお店もあります。

スポーツジムでも明暗が分かれました。

トレーニングはもともと小さな努力を積み重ね、ちりつもによって成果を上げることで初めて商品になります。トレーニングの原理原則の1つに「反復性の原則」、別名「継続性の原則」があります が、この名のとおり、トレーニングは継続なしに効果は出ません。たとえば体重を10キロ減らしたい人がいて、トレーニングジムに継続的に通い、トレーナーの指導を受け、3カ月先、半年先、1年先に10キロやせることができてやっと商品が届いた状態になります。

すると、時間はかかったとしても、そこに絆が生まれます。

リピートするうちにトレーナーとの接触頻度が増え、お客さまはそのトレーナーに対して徐々に信頼を置くようになります。心理学で言う**「ラポール」（信頼感）**が築かれていくわけです。

ですから、突然の不況が訪れても、ラポールの積み重ねがあるジムには、「またあそこに行きたい」「またトレーニングを続けたい」と、お客さまが戻ってきました。約束したわけではないのに、自然にそうした流れができたと言っていいかもしれません。

それが結果として、売上の安定につながったのです。

すなわち、スタッフとお客さまとの結びつきが強いお店ほど、突発的な問題が起こっても、新規客の集客に追われることなく、安心して経営が続けられるということです。これは揺るぎのない事実です。

その反対で、「コロナで苦戦した」というジムは、最新機器を提供することに力を注ぎ、おそらくハード面の充実を目指していたのではないでしょうか。

「あそこにまた通いたい」と思う理由の第一は、ハードではなくソフト、やはり〝人〟です。ジムに限らず、飲食でも、「いろいろ大変だったけど、あそこに行けばまたあの人に会える」「あの人とまた話したい」「あの人を応援したい」と思ってもらえるようなラポールが築けている場所には、お客さまが再び戻ってきたはずです。

人が遠ざかったままなのか、それともまた帰ってきていただけるのか、そのターニングポイントは、業界にかかわらず**〝人と人がつながっているか？〟**の一点にかかっていると思います。

「人の気」を集めるから、「人気店」になる

実力があっても人気者になれない人に足りないもの

では、お客さまに「またあの人に会いたい」と思わせる人には、何が備わっているのでしょうか？

私自身、スポーツトレーナーの前は役者をやっていました。当時、演出家に言われたのは、「人の気を集められる役者になりなさい」ということです。その演出家は、「演技の実力があるだけでは、人気者にはなれない。人を惹《ひ》きつける雰囲気を持っていると、そこに人が集まってきて、人気役者になれるんだ」とよく言っていました。

役者時代はその意味がまだわかっていませんでしたが、自分がトレーナーとしてお客さまにかかわっていくなかで、「本当にそのとおりだな」と思うようになってきました。

人気度を計るために必要な3要素と計算式

どんなトレーナーが人の気を集め、人気者になれるのか。今はとても明確な計算式が見えています。

それは

「人間力」×「知識力」×「身体力」

です。

この掛け算の値が大きいほど、人気度が上がります。

まず**「知識力」**とは、トレーナーで言えば、筋肉の名前を知っている、身体の構造を知っている、どの角度でストレッチすると効果があることを理解している……といったことです。世の中のお店で考えれば、みな**「経験値」**に置き換えられることだと思います。

次に**「身体力」**とは、ウエイトトレーニングを教える人であれば大胸筋が発達しているとか、ヨガの先生なら柔軟性があるとか、ピラティスの先生ならよりていねいに動けるなど、自分の身体を商品と捉え、お客さまが見て説得力があること。

これが飲食店なら盛り付けが重要になるでしょう。洋服屋なら店員の着こなしかもしれません。ひと目で商品の良し悪しがわかるもの、それが「身体力」です。

ただ、「知識力」と「身体力」は、身につけるまでに時間がかかります。筋肉の名前を1つ覚えたからといって、お客さまに伝わらなければ知識力とは言えないわけで、伝え方も含めて経験が必要です。また、身体をトレーニングしても、1回ベンチプレスをやったからといって胸が大きくなるわけではありません。

ただし、やればやるほど確実に1が2に、3になっていきます。決してゼロには戻りません。

知識も技術も超える「力」の正体

残りの**「人間力」**が、時間をかけずに上がったり下がったりするものです。

たとえば、Aというトレーナーが、とても調子がいい日は魅力的な挨拶《あいさつ》や印象的な笑顔ができて、相手を感動させるリアクションもできている。点数にすれば100点満点かもしれません。

その反対に、家族とのケンカを引きずって職場に来たら、挨拶の声もいつもの半分以下、暗い顔をして、お客さまへのリアクションも適当……となればマイナス50点になるかもしれません。

実際にそうなっては困りますが、自分の気持ちをコントロールする方法を覚え、経験がなくてもプラス思考でお客さまに接することによって、高い数字をキープすることができます。

私の経験で言うと、トレーナーになったばかりの25歳の頃、身体の骨の名前なんてまるでわかりませんでした。今となっては笑い話ですが、「肩甲骨」は、ここを動かせば健康になれる〝健康骨〟だと思っていました。にもかかわらず、人気トレーナーになれたのは、どんなときもお客さまへの明るい笑顔と挨拶を欠かさず、お客さまに早く効果が出るように親身になって接客していたからだと思います。

自分が常に前向きで、相手を励ましたり、いいところを見つけて肯定したりできると、お客さまも前向きになれます。それが人の気持ちを引き寄せる第一歩です。

当時は知識も、技術もありませんでしたが、「この人を何とかしてあげたい」という熱い気持ちだけは100点だったと思います。その思いは今も変わらず持ち続けています。

100人の新規顧客より1人100回の予約

「リピーターによるストック型経営」実現に向けた基本的な考え方

スポーツジムやスイミングクラブの多くが、会員が「幽霊会員」になることを前提にビジネスモデルがつくられていることは有名です。もしもすべての会員がやる気を出して常に通っていたら、ジムの内部はたちまちパンパンになって運営どころではありません。

この背景には「フィットネス業界では会員が定着しない」という問題があります。日本のフィットネス人口は3～4％であり、20％を超えるアメリカとは大きな差があります。つまり、ただでさえ「少ないパイ」を奪い合っているのです。

大手は広告を打って新規入会者を増やすことができますが、そのうち8割の人が幽霊会員となり、まもなく退会していきます。

だからこそ、私は

「100人の新規顧客より1人100回の予約」

をモットーにしています。ジム通いをすることで、お客さまに「人生が豊かになった」と感じていただきたいからです。

そして、今、「1人100回の予約」をしていただけるお客さまを300人抱えています。おかげさまで、ブランドのバリエーションを増やし、2店舗目、3店舗目を順調に出店することができました。

このような厳しい業界でも、**「ボンディング接客術」**で**「リピーターによるストック型経営」**を成功させることができたのです。

「新規客より既存客を大事にする」という発想

あなたが今、どんなビジネスを行なっていても、既存客を大切にすることで、その愛情と思いは間違いなく伝わるはずです。

「いかに〝帰ってきたくなる場所〟であり続けるか？」

「1人100回予約」のためには、あらゆるビジネスがこの「問い」の答えを考え続けなければなりません。

あなたのご近所を思い出してください。昔よく行っていたお店がなくなっていることがあります。でも、自分が生まれた頃からあって、いまだに続いているお店もあります。何十年も存続しているのは、ファンがいるお店だからです。「マニュアル化された接客」ではファンを獲得するのは難しくなります。それは、決まり文句をただ繰り返すロボットと同じで、心が通っていないからです。

「本音で接客する」とはどういうことか？

私は、私を応援してくれるお客さまを大事にしたいため、常に本音で接客しようと思っています。

本音で接してくれるお店ってすばらしいと思いませんか？

たとえば、こんなお店です。

◎商品やサービスのデメリットを正直に伝えてくれる。
◎買おうとしているものが、お客さまのレベルや雰囲気に合っていないことを遠慮せずに言ってくれる。
◎自信のある「おすすめ商品」を「買わないと損」と断言する。

生き残っている店はたいていそうです。

その店のスタッフに主体性があります。目の前のお客さまを幸せにするために、イキイキと仕事をしています。お客さまはそんな姿をみると、そのお店のファンになり、リピートしたくなります。

日本語の「ただいま」は「たらい間」が語源だそうです。

たらい間とは、帰宅したときにたらいで足を洗いながら、家の人たちとその日の出来事を話す時間のことを意味していたそうです。

まさに、家族の合言葉だったわけです。

あなたもぜひ、お客さまに「ただいま」と言われる接客を心がけてください。そうすることで、あなたのサービスは「誰かの故郷」になり、5年、10年、20年と続けることができるのです。

お客さまが帰ってきたくなる「サードプレイス」の特徴

演じない自分でいられる場所

最近、よく聞く言葉に**「サードプレイス」**があります。意味は文字どおり、**「家でも、職場でもない、第三の自分の居場所」**といったところ。しかも、とびきり居心地がいい場所がサードプレイスです。

人がなぜサードプレイスに行きたがるかを考えてみると、シンプルに言えば、非日常空間があるからでしょう。

人間は、常に「自分は何者か」というアイデンティティを持っています。私は妻にとっては夫であり、子どもにとっては父であり、スタジオのスタッフにとっては社長であり、お客さまにとってはトレーナーであり、あるときは研修の講師、経営コンサルタントでもあって、この本が出ることによって著者にもなります。

私は、自分の本質である「自分らしさ」ではなく、そのときと場所、相手に応じて「自分は〇〇である」という役を演じているわけです。


では、サードプレイスではどうかと言うと、そうしたアイデンティティを外すことができる。つまり、演じる必要がなくなります。

そこに行けば、経営者という肩書を外して、完全に平等な立場で話し合えたり、普段は怒る立場の人が怒られる立場になったり、普段はほめられないのにほめられる人になったり……。

人によって居心地のいい空間のあり方は違うかもしれませんが、日常では味わえない感覚、日常生活にはない自分自身になれるなら、また行きたい。何回行っても飽きない。それがサードプレイスの特徴なのです。

お客さまにとっての「サードプレイス」になるために

では、その状態をどうしたら自分のお店につくれるのか、というのが私たちの課題です。

最大のヒントは、**「サードプレイスには必ず人が介在している」**ということです。

一人ぼっちのハワイも、最初は開放感にあふれていますが、1カ月もすれば飽きてしまいます。それと同じで、スポーツジムで言えば、最新鋭の充実したトレーニング機材だけがあっても、最終的には飽きてしまうでしょう。そして、もっとすごいトレーニング施設ができたら、おそらくそちらに移動してしまいます。

でも、移動しないとしたら、そこには〝何か〟があります。

何かとは、顔見知りがいることです。会えばホッとするような顔見知りのスタッフと会話ができる、さらには、モチベーションを高め、未来の目標達成につながるような空間をつくれることができれば、お客さまはまた帰ってきたくなるものです。

自分のサードプレイスから学んだこと

私のサードプレイスの1つに、20代から通うイタリアンレストランがあります。その店のマスターから、私は衝撃的な発言を聞きました。

食事が終わり、私が「マスター、今日もおいしかったよ！　ありがとう」と言ったら、「当たり前だよ、俺がつくったんだから」と言われたのです。一般的なお店なら、お客さまは神様であり、ほめられたらお礼を言うのが当たり前。お客さまに自慢するなんて接客のマナーに反する行為です。

しかし、よくよく考えると、そのマスターは自分の仕事にプライドを持ち、それを謙遜《けんそん》するでもなく、客である私にストレートに伝えてくれたのでしょう。マスターが自信を持っておいしいと思ったものを私に出してくれ、その料理を私もおいしいと感じた。これは、お店とお客さまの関係を超えた、すばらしいキャッチボールです。

一般的なお店と同様、「お客さまは神様です」という扱いをされたとしたら、こんなにこの店を気に入ったでしょうか？

マスターにはいい意味で、**『お客さま扱いしない』『対等な人間として接する』**ことの大切さを教わった気がします。

このことをきっかけに、私はますますこの場所が気に入りました。そうなると、イタリア料理を食べたいと思ったら、そこ一択。他の店との比較もしなくなります。私はそのお店で自分の人生をかけたプロポーズまでしたほどです。そんな思い出がある場所だけに、コロナ禍の最中も**「この店だけはなくなってほしくない」**との思いで足しげく通いました。

私が目指したジムもまさにそれです。お客さまをあえてお客さま扱いせず、自信を持って、自分が届ける商品には大きな価値があることを伝え続けています。

すると、お客さまも安心して私のスタジオに通ってくれるようになりました。腰が痛いと思ったら、「日野原先生のところに行けば、何とかしてくれるだろう」と思って頼ってくれる。**お客さまだけれども、ちょっと友人に近い信頼関係**を築き、心の距離を近づけることこそ、自分のお店をサードプレイスにする1つの秘訣です。

ファンは「お店」ではなく、「スタッフ」につけなさい

スモールビジネスが大手に勝つ、唯一の方法

「ファンはお店ではなく、スタッフにつけなさい」とよく言われます。

たとえば、私のようなボディメンテナンス系のスポーツジムやヨガスタジオなどは、身体の仕組みを理解しているプロが指導、アドバイスをします。要は、人がいないと成り立たない商売です。

なかには24時間ジムのような無人のジムも存在します。そこには人を介さないことによる人件費の削減、1カ月間通い放題2980円といったお手軽料金、多店舗展開

しやすいといったメリットもあります。

ただし、それは大手の会社だからできること。スモールビジネスが同じことをしたら、いったんはうまくいったとしても、すぐ近くに同じスペックで500円安いお店ができた途端、お客さまはすべてそちらに流れていく可能性があります。

そこで、〝人がサービスを提供する〟というスモールビジネスの基本に立ったとき、スタッフがどれだけお客さまを惹きつけられているか、つなぎとめられているかが大事になってきます。

経営者としてはもちろん、リスクもあります。

たとえば、お客さまをつけたパーソナルトレーナーが急にスタジオを辞め、独立するとなれば、お客さまも一緒に辞めてしまう可能性がある。私のジムでも、過去にはそうした苦い経験があります。

しかし、たとえスタッフが辞めた場合でも、代わりに新しいスタッフが入り、新規で来たお客さまがそのスタッフのファンになれば、リピーターが増えて経営は安定していきます。スタッフにお客さまをつけることを恐れずに、熱い気持ちを持って臨んでほしいのです。

お客さまに本気で興味を持つとは、どういうことか？

私がトレーナーの養成講座でいつも言っているのは、**「自分からお客さまに興味を持って、相手の心を動かそう」**ということです。

詳しくはのちほどお話ししますが、

「お客さまの顔と名前を覚えて声をかける」

「相手の変化に気づく」

「仕事以外の共通の話題で盛り上がる」

「自分の弱点を見せる」

といったことが、お客さまの心の距離を近づけるコツです。

実際のところ、そのとおりやったトレーナーは、絶対的に売れています。

なかでも大切なのは**「相手の変化に気づく」**ことです。

トレーナーである以前に1人の人間として、「目の前にいるこの人に、自分は何ができるだろう」という気持ちがあると、自然と相手の変化が気になるものです。「私はコミュニケーションに自信がない」と言う人には、「最初は、『髪の毛、切りました？』でいいんだよ」と伝えています。

髪の毛なら至近距離で変化がわかるパーソナルなパーツであり、なおかつ興味がなければ出てこない言葉です。

そんなちょっとした変化を毎回伝えていくと、大事な変化が見つけやすくなるから不思議です。トレーナーで言えば、身体の変化が商品ですので、「ずいぶん柔軟性が出てきましたね」「ヒップアップしてきましたよ」というように、お客さまより早く変化に気づけるようになります。

それが相手の心を動かし、「この人は、自分のことをわかってくれている」という安心感や、「この人についていけば、もっといいことがあるかもしれない」という期待感に結びついていきます。人間は誰しも、自分のことを気にしてくれる人に好意を抱く生き物だからです。

この方法なら一切お金もかかりませんし、最初から気を張る必要もありません。

スタッフのファンが増えると、ファンも実は、その人のために何かしてあげたくなるものです。相手の役に立つことや、喜ばれることをしたくなる。要は応援したくなるのです。すると、新しい商品や関連サービスを提案しやすくなるメリットも出てきます。

うまくいく商売の法則「リピーター8割：新規2割」

リピーターがいるメリット

この本を読んでいるあなたにも、「またあそこに行きたい。行って、あの人に会いたい」と思う場所が1つや2つ、あるのではないでしょうか。

行くたびに会話が弾む、細かく説明しなくても好みをわかってくれる、任せて安心なサービスをしてくれる人がいる場所……。

私にもお気に入りの古着屋さんがあります。洋服なんてどこで買っても誰も文句は言いません。しかし、そのお店に行けば、「日野原さんの好きなテイストの服が何点か入ったので、取っておきましたよ」と顧客目線で商品をセレクトしてくれ、満足度の高い買い物ができる。またヴィンテージものであれば、その服がつくられた歴史についても教えてくれ、うんちくもたまる。そして古着はほぼ一点ものなので、人と被らないファッションが決まる。その店員さんとの距離感も心地よく、私にとっては幸せな時間です。

月に一度、そのお店に行くこと自体がイベントになっており、私が楽しみに行くことによって商品も確実に売れる。お店もうれしいというわけです。お店の売上目標が月に100万円だとして、私のようなリピート顧客が多いほど、翌月も、翌々月も売上が安定していきます。

店側は、リピーターをコントロールできない

自分のお店もそんなお客さまでいっぱいになったら、新規客を焦って取らなくていいかもしれません。

しかし、どれだけお客さまの要望に応えようと力を注いでも、どんなにていねいな接客を心がけても、リピート顧客を失ってしまうことはあります。お客さま自身がリ

ピーターでいたくても、引っ越しや家庭の事情、金銭面などによってそうできない環境も出てきます。特にコロナ禍のようなことが起こると、お客さまの行動は私たちの意志でコントロールできません。

また、マーケティングの本のなかには、「新規開拓ばかりしてはいけない」「リピート客だけで利益が出る経営を目指せ」という論調もありますが、お店側にいくら熱意や心意気があっても、永遠に来てくれるリピーターなんていません。そのことを私たちは頭に入れておく必要があります。

リピーター客と新規客の理想的な比率

結論を言えば、**「8割のリピート顧客を維持しながら、新規客を2割入れ、つなぎとめる」**。この動作を常に循環させていくことが大事です。

人間の身体で言うと、口から食べ物を入れ、体内で栄養分を吸収して、消化できなかったものを排泄《はいせつ》し、また食べて、出て行った栄養分を補い、排泄する。私たちの身体は、常に代謝している状態が最も健康的です。身体の根幹はキープしながら、食事を摂《と》り、足りない栄養を補い、それを繰り返します。

商売もそれと同じで、お店の根幹であるリピート顧客をキープしながら、ある程度、集客も行なっていく。そして、新規のお客さまをつなぎとめる努力を継続することによって、代謝を促していくのです。

そういう状態になれば、お店も健康的な経営を維持できます。この二刀流の考え方が非常に大切です。

リピート客から新規客を紹介されたときの最大の注意点

ただし、新規客のつなぎとめに注力しすぎて、リピート顧客をほったらかしにしてはいけません。

たとえば、既顧客に新しいお客さまを紹介してもらうと、紹介してくれたお客さまの顔をつぶさないようにと、新規客を大事にしがちです。

しかし、大事にすべきはむしろ紹介者のほうです。その方とはエンゲージメント

（お店とお客さまの信頼関係）が成り立っており、おそらくはファン心でお店を応援しようとご友人を紹介してくれたのです。なのに、こちらが新しいお客さまのほうばかり向き、ちやほやすれば、紹介者はおもしろくありません。店への気持ちが急激に冷めて、来店しなくなるかもしれません。

一方で、新しいお客さまとはまだ信頼関係ができておらず、お店と紹介者とのエンゲージメントが下がれば、その方も残りづらい。結局、2人とも去ってしまう可能性があります。そこをはき違えると、逆に経営が不安定になりやすく、リスクが大きくなりがちです。

リピート顧客と新規客のバランスを上手に取りながら、お客さまをいかにつなぎとめ、ファンになってもらい、「このお店がないと絶対に嫌だ」「このスタッフがいないと行きたくない」と思わせるか。

第2章では、〝お客さまをつなぎとめる技術＝ボンディング接客術〟にフォーカスして、話を進めていきます。

第2章

どんなビジネスも「つなぎとめる技術」でうまくいく

一度の感動で「リピ決定」、一度のがっかりで「星1」の評価

初回客にまず伝えるべきこと

スモールビジネスでリピート客を増やしたいと思ったら、来店初回でお客さまを感動させることが絶対に大事です。

だからといって、初めて来たお客さまに「このお店、最高に楽しい！」と思わせる過剰な演出は必要ありません。

まずは、**このお店はどんな人のためにあるのか、コンセプトを明確に伝える**ことからスタートします。

私の経営するスポーツジムで言えば、「やせてきれいになりたい。でも、運動にな

じみがない。そんなあなたのために、このジムはあります」と、まず伝えます。

パーソナルトレーニングやピラティスの体験にいらっしゃるお客さまの多くは、自分の身体に悩みやコンプレックスがあります。でも、学校を卒業してから運動らしいことをしたことがない、通い続ける自信もないと思っている方が多いのです。

しかし、うちのホームページを見ると、「ここだったら通えるかもしれない」と思って体験にいらっしゃいます。それは、運動初心者でも続けられる理由、変われる理由、不安を払《ふっ》しょくする情報（トレーニングメニューの紹介、実績、お店の方針など）を可能な限り提示しているからです。

そんなお客さまに対して、私は「運動10年ぶりですか？　続けられるか心配？　良かった！　そういう人にこそ来ていただきたくてつくったスタジオなんです」と言ってお迎えします。すると、その方は「ホームページに書いてあったことと一貫している！」と信頼感を高めてくれます。「やっぱりここが私の求めていた場所だ」と、確信してくれるのです。

初来店されたときにこうした対応ができると、自ずとお客さまに喜ばれ、どんどん人が集まってきます。

「なぜ」を伝える重要性

このように「なぜ、オーガニック野菜たっぷりのハンバーガーをつくろうと思ったのか」「なぜ、〇〇というブランドの服をわざわざアメリカから買い付けて売ろうと思ったのか」、そんな「なぜ」を最初に伝えることはとても重要です。これにより、お客さまは、自分が求めていることとお店の商品、サービスがマッチングしているのかどうかを瞬時に再確認できます。

ホームページに書いてあった内容と、現場でのスタンスがぴったり一致すれば、そこで共感に近い感動が生まれ、心の距離がグッと近づくのです。

このような状態をつくるためにぜひやっていただきたいのが、自分自身の**「棚卸し」**です。

自分の過去を振り返り、未来を想像しながら、

「When＝いつやるのか」
「Where＝どこでやるのか」
「Who＝誰が（誰のために）やるのか」
「What＝何をやるのか（コンテンツ）」
「Why＝なぜやるのか」
「How＝どのようにやるのか」
「How much＝いくらでやるのか」

これら5W2Hをじっくり考えることで、あなたらしいビジネスの形が自然と見えてくるはずです。

そして、お客さまに何を一番伝えたいのか、最もフォーカスしたい部分は何か、自分のなかではっきり言語化するのです。

当たり前の話ですが、伝えたいことがまとまっていなければ、相手に伝わることは永遠にありません。その代わり、明確な答えを持っていれば、どんなお客さまが来てもブレることはありません。それがコンセプトであると、私は考えます。

その逆に、コンセプトがうまく伝わらない、あるいは誰のためのサービスなのかがわかりづらい場合は、残念ながら、初回でお客さまをがっかりさせてしまう結果となってしまいます。

たとえば、運動経験の少ない人のためのスポーツジムにもかかわらず、ビギナー用のトレーニングメニュー、実績などが提示されていない場合、ミスマッチが起こりやすくなります。上級者が誤って来てしまったら、運動が苦手な人向けのスタジオは物足りないだけでなく、悩みも解消できません。

だからこそ、自分が掲げるロマンとお客さまの夢・目標を一致させることが大事なのです。

「なぜ、自分がこのサービスを始めるのか？」
「誰のためのサービスなのか？」
「なぜ、この名前にするのか」

をとことん考える必要があります。

私も出店するまでの1年間、紙に書いては消し、書いては消しを繰り返し、「なぜ」

を追求してきました。自分の思いをじっくり熟成させてこそ、お客さまと心を1つに合わせ、夢に向かっていけるということを、ぜひ覚えていてください。

「なぜ」「誰を」をしっかり伝えても、リピート客にならない原因

ところが、「なぜ」「誰を」がしっかり定まっているにもかかわらず、なぜか初回来訪のお客さまをがっかりさせてしまうことがあります。ロマンの共有はできているのに相手をがっかりさせてしまうケースです。そこには、**「最低限の接客マナーが守られていない」**といった、コンセプト以前の原因が隠れていることがあります。

ただしこれは、接客マニュアルやルールを徹底することで、避けることが可能になります。

接客と言うと、攻めのイメージですが、実はそうではなく、誰が対応してもサービスがいつも一定で差がないこと。それによりお客さまに余計な心配をさせないことが、お店というブランドの信頼につながります。

お客さまは「通わなくなった理由」を説明しない

来なくなった理由の向こう側にあるもの

お店が提示するコンセプトに共感し、リピート客になってくれる人がいる一方、いつの間にか離脱し、来なくなる人もいます。

しかし、辞めていくときに本当の理由は教えてくれません。なぜなら、教える必要がないからです。

もっと言えば、辞める少し前から「辞めよう」と考えているはずです。

たとえば、1年続けた英会話教室を辞めようと思っている人は、「講師と相性が良くない」「長く通っているわりに効果が感じられない」「1カ月にこれだけ支払うなら、ディズニーランドに行ったほうが楽しいかもしれない」「駅から近いあっちの教室のほうが、料金も安いし予約も取りやすそう」など、何かしら比べてマイナス評価がプラスを上回り、最終的に来ないことを選びます。

それはつまり、お客さまにとって〝必要のない存在〟とみなされたことを意味します。そうなったら二度と取り返しがつきません。

しかし、お客さまも初めはその場所が必要だと思うから通い続けてくれたはずです。トレーニングスタジオなら、「自分には運動が足りていない」「運動は続けないと効果が出ない」という認識があり、勇気を出して体験に来てくれたのだと思います。そして、体験のあとには「入会しませんか？」の営業トークがあることも承知していて、ハードルをいくつも越えた上で「ここで続けてみよう」と決めたに違いありません。なのに「辞めたい」気持ちにさせてしまったとしたら、そこには私たち店側の責任もあるのではないでしょうか。

これはレッスン系ビジネスに限った話ではなく、カフェや居酒屋さんであっても、本屋さんであっても、クリーニング屋さんであっても同じです。よく見かけていたあの人が、常連の○○さんが、ある日を境にパッタリ姿を見せなくなったとしたら、経営者として、特に個人に近い形でお店をやっているスモールビジネスオーナーなら、経営に不安を感じるのはもちろん、切なさが身にしみるでしょう。

だったら、お客さまが黙っていなくなる前に、いい関係性をつくったほうがいいとは思いませんか？

お客さまが黙っていなくなる前に講じたい接客メソッド

その解決策となるのが、これからお話しする「ボンディング接客術」です。

テクニックやポイントはいろいろありますが、ボンディング接客術の第一ステップであり、土台となるのは、**「マンツーマン・コミュニケーション」**です。

目の前のたった1人のお客さまを大事に思い、相手と呼吸を合わせていくことです。つまり、**相手の調子に自分を合わせて接してみる**のです。

すると、お客さまの小さな変化に気づくことができ、その日のサービス内容すら変わってきます。そして、お客さまにとって相性のいいサポーターになり、相手の心中を察した上でコミュニケーションが取れるようになります。

マンツーマン・コミュニケーションをすればするほど、お客さまとの感情の行き違いが減っていきます。その結果、あなたを必要としてくれる人が確実に増え、永く愛されるお店になっていくはずです。

「マンツーマン・コミュニケーション」のやり方

たとえば、私にはこんな経験があります。

パーソナルトレーニングに週1回通ってくるAさんがいます。ここのところ疲れて見えたので、

「調子はどうですか?」

と聞いてみました。すると、

「かなり仕事が忙しくて。でも、がんばって来ました」

ということでした。

その返事に対して、私はAさんに同調しつつ、ねぎらいの言葉をかけました。

「Aさん、お仕事で疲れているのにがんばって来てくれたんですね。ありがとうございます」

そして、

「今日は指導というより、一緒に動くことにしましょう。何も考えず、僕に合わせて身体を動かしてみてください」

と言いながらセッションをスタートさせました。

つまり、Aさんの変化に気づき、セッションのメニューを急きょ変更することにしたのです。

すると、どうでしょう。

Aさんは普段より身体がスムーズに動いています。文字どおり、呼吸を合わせながらの60分のセッションが終わり、

「Aさん、どうでしたか？」

と尋ねると、

「気持ち良く汗をかけて、すごくすっきりしました。実はここ1年ほど業務がハードになり、本当はしばらくお休みしようと思っていたんです。でも、ちょうどいい息抜

きになりました。来て良かったです」

と答えてくれました。

そこで、

「それは良かった。今日はいつも以上に動けていましたよ！」

とお伝えしたところ、とても満足した表情で、

「じゃあ、先生、また来週！」

と言って帰っていかれました。その方は今も変わらずセッションに来られています。

「相手に寄り添う」とは、どういうことか？

私のジムでも、過去には何も言わずに辞めていくお客さまが何人もいらっしゃいました。

その方のまとっている空気が後ろ向きだなと感じつつも、「最近どうですか？」とうっかり聞いてしまい、「実は辞めようと思って……」なんて言われたらショックで、何も聞き出せなかったこともあります。今振り返ると後悔しかありません。

しかし、目の前にいる一人ひとりを本当に大事に思うようになり、「この方がいなくなったら寂しい」と思うほど、その人のために改善できることがあればしたい、トレーニングを続けることに何か問題があれば、原因を取り除きたいという熱い気持ちが湧いてきて、相手に寄り添うことを第一に考えるようになりました。

今では、「最近、どうですか？ 運動していて身体がすっきりしませんか？」など、自分から積極的に声をかけられるようになりました。

相手に寄り添えるというのは、結局のところ、

「お客さまへの愛情がどれだけ深いか」

ということです。

そもそも熱い思いが土台になければ、相手の変化にも気づかず、声をかける気も起こりません。言い方を換えれば、スモールビジネスであれば、**もっとお客さまへの愛を表に出していい**のです。

たとえば、まだそれほど馴染《なじ》みのないとんかつ屋さんで、「いらっしゃい！ いつものですね！」と言われるだけでも、「あ、僕のことを覚えていてくれたんだな」と思えて、お店への愛着が湧いてきます。

マニュアルではない、愛情のあるストレートなひと言。それはフランチャイズチェーン店には真似のできないことです。

常連のお客さまが次に来店するか、しないかは、あなたの愛ある接客にかかっています。

「ボンディング」はスタッフとお客さまをつなぐ〝接着剤〟

いきなり接着させようとしない

ここであらためて「ボンディング接客術」の定義をお話しします。

ボンディングとは、複数のものが結合、接着、接合し一体化するという英単語で、本書では**「ボンドのようにお客さまとぴったりつながる」**ことを意味しています。

子育ての心理学用語でも、お母さん、お父さんが子どもに対して抱く「愛おしい」「守ってあげたい」「大事にしたい」などの愛情・情緒的な絆を表す「ボンディング」がありますが、お客さまとお店との間に形成される人間関係もまた、愛情やお互いを大事に思う気持ちでつながっているのだと感じます。

ボンディングする上でまず大切なのは、**いきなり接着させようとしない**ことです。

皆さんは、ボンドを使う前に、接着させたいものは何か、最終的にどんなものをつくりたいか、考えると思います。たとえば、厚みとハリがあって、型崩れしにくい服をつくりたいと思ったら、布と布を貼り合わせて生地をつくるかもしれません。あるいは、家の模型をつくるなら、まず設計図を描き、図面どおりに木材をカットして、それから接着していくでしょう。

それと同じで、どんなお客さまと接着するのか、お客さまの求めに応じてどう接着するのか、事前に調査・計画することが大切です。

接着する前に、お客さまの3つの情報を知る

お客さまとお店のボンディングの場合には、接着する前にまず**「禁忌」「ここに来た目的・悩み」「未来のゴール」**という3つの「情報」を知っておかなければいけません。

特に禁忌（してはいけないこと）は、絶対に聞き洩《も》らしてはいけない情報です。飲食店なら食品アレルギーがあるかどうか。美容院ならヘアカラーでかぶれたことがあるかなど、健康や体調にかかわることを聞き逃すと、ボンディングはできません。

われわれパーソナルトレーナーであれば、医師から「運動制限してください」と言われている人が来たら、それを聞くことがリスクヘッジになります。

たとえば、アンケートに「1年前に胃の手術をした」と書いてあったとしたら、「でも、今ここに来ているのだから、運動はしてもいいということかな？」と安易に受け取らず、「運動は大丈夫ですか？」と必ず聞きます。

それで、「今はもう普通に生活しているからOKです」と相手が言ったとしても、医師の判断かどうかわからないという前提で、もう一度「お医者さまは何と言っていますか？」と質問します。もし「そこまでは聞いていません」ということなら、「主治医に確認して、もう一度お越しくださいね」と伝えます。

これは、どんな業種でも同じで、**情報を聞けば聞くほど、お客さまは安心してサービスを受けられ、店側は安全にサービスを行なうことが可能**になります。

また、加圧トレーニングの場合、血流を制限しながら行なうため、腕などに点状の内出血ができてしまうことがあります。われわれトレーナーにはその説明義務があり、どのスタジオでも「点状出血ができますが、大丈夫ですか?」と聞くはずです。

しかし、その言葉だけではイメージできない方もいるので、私のスタジオでは「この3日間で、お友達の結婚式があってノースリーブのドレスを着るとか、水着撮影が入っているとか、何か予定はありますか?」と冗談めかしながら、腕に赤い点が残ることをイメージしてもらいます。それで「水着の撮影? そんな予定ないですよ～(笑)」と確認を取った上でトレーニングを開始します。

一見、細かく面倒なやりとりのようですが、明るい雰囲気のなかで必要な確認をすることで、お客さまの「こんなはずではなかった」を未然に防ぐことができます。

ボンディングをする上で、健康に関する情報の聞き取りと、サービスの特性上お客さまに了承してほしいこと、それを理解しているかの確認はとても重要なポイントです。

良かれと思っても、まず細かく確認

なかには体調にかかわらない精神的な禁忌もあります。

たとえば、美容院で、お客さまは「絶対に前髪を切ってほしくない」と思っていたのに、担当美容師が確認を怠り、似合うと思って何も聞かずにバサッと切ってしまったら、精神的苦痛を与えることになります。その結果、お客さまは二度と来店しないでしょう。

同様に、パーソナルトレーニングスタジオにモデルさんが来店し、良かれと思って膝立ちのエクササイズをしたとします。

しかし、翌日、その方が膝上スカートをはく撮影で、ひざに残った跡のせいで撮影にならなかったとしたら、その方の現場での信用は台無し。当然、こちらの信用もなくなります。

「お客さまに喜んでほしい」

その一心でやった行為でも、相手を傷つけてしまったら元も子もありません。まず相手の情報をしっかりと聞き出すこと。そして、聞き出した情報をスタッフと共有してボンディングすることが大切です。

もちろん、残る2つの情報もボンディングには欠かせません。

この人はなぜここに来たのか（目的・悩みの共有）、未来のゴールはどこなのか（いつまでにどうなりたいのか）を具体的に知る必要があります。

お客さまが叶えたい目標やテーマは人それぞれですが、それが長期的なゴールなのか、短期的なゴールなのかによって、サービス内容とスケジュールは大きく変わります。

この**〝ゴールセッティング〟**を大事にし、お客さまの「未来になりたい自分」に対して、ゴールまで寄り添ってリポートする。お客さまとの未来の楽しい約束を交わすことが、すなわちボンディングなのです。

「すぐに思い出される人」VS「スルーされる人」

「誰がやるか」で変わる

ここまでの話で、ボンディング接客術には、お客さまを知る力や寄り添う力が大切だと理解していただいたと思います。

ですが、実はそれと同じぐらい**「自分を伝える力」**が大切です。

自分を伝える力がある人は、お客さまにとって印象に残りやすく、忘れられない存在になるからです。

では、自分を伝えるとは、どういうことでしょうか？

印象に残る人、残らない人の違いとは何でしょうか？

たとえば、あなたに連絡をしてくる保険の営業さんはどんな人ですか？　顔と名前をすぐに思い出せますか？　どこにでもあるようなオーソドックスな紺色のスーツを着て、特徴のないマニュアルどおりの話し方、声の抑揚もなく、伏し目がちで笑顔も少なく、ちょっと自信なさげで……。相手がそうだと、なかなか覚えることは難しいのではないでしょうか。

反対に、それがもし自分だったら？　初めて会うお客さまにとって、印象に残る人でなければ、そもそも思い出してもらえず、リピーターになってもらうことは適《かな》いません。

先の項目で「5W2H」について述べましたが、大手チェーン店とは違い、スモールビジネスでは、ビジネスオーナー自身がブランドにならないと、お客さまに認知されません。

つまり、「Who＝誰がやるか」が実に重要なファクターになります。

「高級ホテルの接客」と「小さな旅館の接客」では、求められるものが違う

わかりやすい例として、誰もが知る高級ホテルと地方の小さな旅館では、〝泊まる〟こと自体は一緒ですが、ボンディングのポイントは大きく変わります。

高級ホテルには高級レストランや高級ラウンジがあり、そこに泊まることで得られるステータスがあります。SNS映えする写真がたくさん撮れて、フォロワー数も上がりそうです。つまり「Where」が重要です。

一方で、「Who」の重要度は減ります。高級ホテルの接客は感動を与えてくれるホスピタリティであると思いますが、「その人がいるからまた来よう」とは思いません。

ところが、地方の小さな旅館では、「Who」がより大切になってきます。

情緒ある外観やその地方ならではの料理、温泉施設なども大切な要素ですが、それだけではないプラスアルファが必要です。それが何かと言うと、そこで働く人＝「W ho」が持つストーリーです。

ビジネスの規模が小さくなるほど、お客さまとの距離は近くなります。そのとき、マニュアルではないコミュニケーション、接客してくれた人のエピソードが印象に残り、旅のいい思い出としていつまでも記憶に残るのです。

たとえば、夕食にお刺身が出てきて、「この魚は私が朝の3時から海に出て釣ってきたんですよ。漁に出てかれこれ30年ぐらいになりますが、今日のはとびきり脂が乗っています。うまいですよ〜、ぜひ召し上がってください！」と言われたとしたら、おいしい魚料理を食べたというだけではない感動的な物語が付加され、忘れられない思い出になります。

お客さまの脳に刻まれやすいもの

実際に、人間の脳の仕組みとして、エピソードとともに覚えることで、長期記憶として定着しやすくなることがわかっています。

「温泉旅行なら、あの人のいる旅館にまた行きたい」と思わせるきっかけになるのです。

私のジムでも、スタッフには「自分のエピソードを話してほしい」と伝えています。何もインパクトのあるストーリーでなくてもいいのです。「今日、自分はこんな失敗をしてしまったんですが、○○さんにお会いして元気になりました」など、相手が喜んでくれるエピソードトークを1つ混ぜるだけでも、「私はこの人を元気にしてあげられたんだ！」というように、特別意識しなくても自然とお客さまに覚えられ、その方の記憶に残る登場人物になれるはずです。

そうは言っても、どうしてもエピソードが思いつかない。自分についてしゃべるのが苦手という人は、相手の目を見て、とにかく自信を持ってサービスをしてみてください。

エピソード以外で印象に残す方法

また、「服装やビジュアルに気を配る」というだけでも発信力が増します。

何を売っている人なのか、何を伝えたいのか、服装で表すことはできます。警察の制服を着たら警察官にしか見えないのと同じで、わかりやすいことが大事です。

さらに、声の出し方を元気に、表情やボディアクションを豊かにしてみると、相手の印象に残る〝その人らしさ〟を色付けできます。ぜひ挑戦してみてください。

奥ゆかしさや思慮深さ、控えめさが人を魅力的に見せる場合もありますが、接客においては、〝自分を伝える力〟なくしてあなたの存在を記憶にとどめてくれる人は、誰もいません。

お客さまの記憶に残るか、残らないかの違いは、ボンディングする上で非常に大きいと言えます。

お客さまのサポーター&伴走者になる

人は「変わること」に恐れているから、こちらができることがある

「なりたかった自分になるのに、遅すぎることなど決してないのだ」

これは19世紀のイギリスの作家、ジョージ・エリオットの言葉です。

私は、どんな人でも「なりたい自分」になることができる、と信じています。

ですが、「変わりたい」と思っているのに「変われない」という悩みを抱える人は、案外多いものです。たとえば、コンプレックスをなくしたい、恋人をつくりたい、仕事でもっと活躍したい……といった願望を抱えている人がいるとします。

ところが実際は、「できない理由」「変われない理由」ばかりを挙げて、今までと変わらない自分に甘んじてしまう人がほとんどです。

多くの人にとって、今の生活を壊してまで何かアクションを起こすのは恐れがあることだからです。

しかし、実は間違いなく「なりたい自分」になる方法があります。

それは、**「人の手を借りる」**ことです。

自分一人では、取りかかるのが億劫なことも、誰かと一緒ならモチベーションが上がり、「変化のための行動」を楽しみながら続けられます。

この「人の手を借りる」をあなたのビジネスに平行移動させてください。サービス提供者のあなたが、お客さまの「夢を叶えるサポーター」になってあげられます。

お客さまの興味・関心・願望を聞き出し、「変わりたい気持ち」に寄り添い、二人三脚で夢を叶えるのです。

そうすることで、お客さましの長期にわたる「絆」が形成され、いつまでもあなたのサービスを利用し続けてくれます。

お客さまの夢・目標の実現に向けて伴走する

私の経営するジムでも、入会される目的は人それぞれです。「オシャレな服が着たい」「体型を気にせず水着が着たい」と言う人もいれば、「もっとやせたい」「シェイプアップして婚活したい」と言う人もいます。

その目標に向けて、一緒にエクササイズをがんばり、お客さまに夢を叶えていただきます。

これがボンディング接客術の第2ステップである**「パートナーシップ」**の本質です。お客さまの「夢」「目標」を聞き出し、自社商品やサービス・技術で課題解決しながら、実現に向かって一緒に走るパートナーを目指すのです。

そのために大事なことは、まずこちらからお客さまに興味を持つことです。顔を見た瞬間、「ちょっと雰囲気変わりました?」と聞いてみるのもおすすめです。「この人は自分に関心を持ってくれている」と感じられると、人というのは基本的に好感を持ち、「この人からの質問には答えよう」という気になります。これは人間の5大欲求の一つ「承認欲求」が満たされるからです。

もちろん、どのような手段でもいいので、相手に興味を示していることをカタチにして、お客さまに伝えることがスタートです。

そこからお客さまの本当の願望、いわゆる**「サブテキスト」**を聞き出します。質問テクニックはのちほど詳しくお伝えしますが、たとえば、アンケートに「ダイエットしたい」と書いてあったら、何キロダイエットしたいのか、やせてボディラインが変わったら何をしたいのか、表面上の言葉からは見えてこない本音を引き出します。

それで、「ジーンズをかっこ良くはきこなせるようになって、彼女にプロポーズしたい」という目標を聞き出すことができたら、その方のゴールはダイエットではなく、プロポーズを成功させて、好きな人と結婚することだとわかります。

すると、提案するトレーニング内容やアドバイス、何をいつまでに実践するかというスケジュールも変わってくるというわけです。

お客さまが1人でがんばるのではなく、われわれ専門家が一体となって協力するこ

とで、簡単にはできない目標を達成する。それが本物のパートナーシップのあり方ではないでしょうか。

あとは理想のゴールに向かって、一緒に走り出せばいいのです。

長期のパートナーシップを築くコツ

「でも、理想の自分を手に入れたあとはどうなるの？」

という質問も想定内です。その場合は、次の目標を一緒に考えます。

人生にはたくさんの欲求が眠っています。習い事の発表会、オーディション、撮影会、子どもの授業参観、ライバルとの試合……。

そうした「人生の勝負イベント」をあえて設定するのです。これを永久に繰り返すことによって、お客さまとの絆がどんどん深くなり、長期にわたるパートナーシップが形成されていきます。

水野敬也さんのベストセラー『夢をかなえるゾウ』では、象の神様ガネーシャが、主人公が成功するための「人生の伴侶」でした。

あなたが今どんなビジネスを行なっていても、「お客さまの夢を一緒に叶えるポジション」に永遠にいることは簡単にできます。

お客さまとの絆がある限り、あなたが提供しているサービスやあなたという存在そのものが、お客さまにとって「人生の伴侶」になるのです。

「間合い」がいいと、「息ピッタリ」の信頼関係ができる

「ボンディング・タイミング」の3つのポイント

マンツーマン・コミュニケーションとパートナーシップに共通するのは、信頼関係の構築です。文字どおり、お客さまにとって「信じて頼ることができる相手になる」こと。心理学的に言う〝ラポール〟を生み、育てることによって、お客さまは「あのお店に行けば、自分の望みが叶えられる」「あの人に会いたい。会って話を聞いてもらいたい」といった安心感を持ち、リピーターになります。

そこに至るには、実はいくつかのテクニックがあり、その1つに**「ペーシング」**というコミュニケーション・スキルがあります。ペーシングとは、簡単に言うと、相手

を主役にし、相手のペースに合わせることです。冒頭でご紹介したボンディング接客術の6原則の1つ、**「ボンディング・タイミング」**がこれに当たります。

やり方は大きく3つあります。

1つ目は、**お客さまの話す速度に合わせる**こと。

相手がゆっくり話すときはゆっくり話す。早く話すときは早く話します。

2つ目は、**声のトーン（大きさや高低）を合わせる**ことです。

相手の感情に合わせて、喜んだときは声のトーンが上がるのが人間なので、お客さまから弾んだ声でうれしいニュースを聞いたら、こちらも「そうなんですね！」と声のトーンを上げる。がっかりしたときはトーンが下がるので、こちらも下げるといった具合です。

3つ目は、**呼吸を合わせる**ことです。

これは少し練習が必要だと思いますが、相手の呼吸をよく観察していくと、呼吸が浅く、今イライラしているのか、それとも深い呼吸をしていて、落ち着いた精神状態なのかがわかるようになってきます。そこで相手の呼吸に合わせて話すペースを変えていくのです。

よくありがちな失敗は、クレームを言ってきた相手に対して、冷静に落ち着いて対応してしまうパターンです。たとえば、明日履こうと思って買った靴の底がはがれていたとしたら、イライラから相手は早口でまくし立ててくるはずです。それに対してゆったりした口調で返答すれば、たとえこちらが謝罪したとしても、かえってイライラが募り、火に油を注ぐ結果になってしまいます。

そうではなく、最初は相手の浅い息に合わせた早口の会話を心がけます。

すると、だんだん会話のペースが整ってきます。息の合った状態ができたところで、今度はこちらからだんだんペースをゆっくり落としていきます。すると、相手気持ちも徐々にゆっくり落ち着いてくるのです。

間が合うと、人は素直になる

「間合いが合う」という表現がありますが、話の間が合う、話すテンポが合うと、人は心地よさを感じ、会話している相手に対して警戒心を解いたり、親近感が湧いたりします。すると、安心して言いたいことを言えるようになるのです。

ボンディング・タイミングを用いてそういう関係にまで至れば、お客さまとお店というより、友達同士の関係性に近くなってくるでしょう。向こうから悩みを打ち明けてくれるだけでなく、こちらからの提案も素直に受け入れてくれるはずです。

美容院なら、頑《かたく》なにショートカットを嫌がっていた人が、信頼する担当美容師の「絶対に似合いますよ！」のひと言で人生初のショートにチャレンジするとか、高級なトリートメントも「〇〇さんが勧めるなら、きっといいものよね。やってみるわ！」と言ってくれるとか……。

あなたにも、そんなお客さまはいませんか？　それがラポールの本来の姿です。

この「間」について、もう少し話を続けます。

タイプ別で「間」の合わせ方を使い分けよ

ボンディング・ディタンスで、間合いを合わせる

「間」には、あいだ、隙間、隔たりといった意味があり、「間が合う」「間が悪い」「間が抜ける」「間を取り持つ」「間を空ける」「間を置く」「間を嫌う」「間を読む」「間を埋める」など、さまざまな会話のなかで使われています。

私は役者時代、演出家から「演技とは、セリフを言うことではなく、セリフとセリフの間にある〝行間〟を埋めることだ」と言われたことがあります。演技の本質とは、セリフというアクションを行なうことではなく、行間という、言葉を発しないリアク

神・
リピート集客術

読者の方に無料
特別プレゼント

未公開原稿
「ボンディング接客術」で
最後に必要なもの

（PDF ファイル）

著者・日野原大輔さんより

紙幅の都合上、掲載できなかった、著者・日野原大輔さん書き下ろしの未公開原稿「『ボンディング接客術』で最後に必要なもの」を無料プレゼントします。本書の読者限定の無料プレゼントです。ぜひダウンロードして、本書とともにご活用ください。

特別プレゼントはこちらから無料ダウンロードできます↓

https://frstp.jp/repeat

※特別プレゼントは Web 上で公開するものであり、小冊子・DVD などをお送りするものではありません。

※上記無料プレゼントのご提供は予告なく終了となる場合がございます。あらかじめご了承ください。

ションにあるのだというのです。

役者でなくても、人間はアクション（言葉）でウソをつくことができます。しかしながら、リアクションで嘘はつけません。つい今の気持ちや心情、本心といったものが顔や態度に出てしまうものです。

ここで言いたいのは、お客さまとの関係性を深め、ラポールを築くために、そうした「言葉にはしなくても伝えたい意図」を理解し、相手に寄り添うスキルを身につけましょうということです。

つまり、相手の間合いに自分を合わせるのです。そうする理由は1つだけ。間合いが合わない限り、お客さまはあなたの話に真剣に耳を傾けないからです。

それが、ボンディング接客術の5原則の2つ目、**「ボンディング・ディスタンス」**です。

相手によって変わるリアクションに自分を合わせることができると、実は先ほどの「ペーシング」と同じように、相手からの信頼を寄せられるようになり、お客さまにとって、なくてはならない存在になれるのです。

間合いを合わせるのはそんなに難しいことではありません。まずは単純なことからやってみてください。

相手の「間」に合わせるポイント

見るのは、相手の姿勢です。

たとえば、人は関心があるとき、少し前のめりになって話したり、話を聞いたりします。その反対で、関心がないと重心が後ろに傾いて相手と距離を置き、「自分は積極的ではない」ことを態度で示します。

また、座り方の深さは相手のリラックス度を表しています。深くゆったり腰かけている人は落ち着いて肩の力が抜け、リラックスしている証拠です。反対に浅く腰かけている人は、緊張して足に力が入っています。これは「早く時間が過ぎてほしい」「一刻も早くこの場を離れたい」「都合の悪いことを言われたくない」といった心情の表れだとも言われます。

こうした心情を読み取り、間を空けたり、間を詰めたりしながらコミュニケーションをしていくことが大切です。

相手が前のめりの人なら、ポジティブに自分と向き合ってくれているので、自分も前のめりになって、「そうですか、なるほど」と相槌を打っていると、だんだんボンドがくっついてきます。それに対して、後ろ重心で身体が引き気味、声のトーンも低い人は、ネガティブな状態だとすぐにわかるので、最初はこちらもだらしなくない程度に身体を後ろに引き、相手の空間や声のトーンに自分を合わせます。すると、自然と相手との間が合ってきます。

売れるアパレル販売員の間合い

繰り返しになりますが、間が合うとは、相手と打ち解けてくることです。まわりを見ても、リピーター客の多い人ほど、相手の心情を無視していきなり間を詰めることはしません。

彼らはお客さまの気持ちが前向きでないときに、ものやサービスを売ろうとしてもうまくいかないことを熟知しているからです。

自分がお客さまだとして、たとえば洋服屋さんで、何気なくジャケットを触った瞬間、販売スタッフに「それ、いいですよね！」と言われたら、買う気が失せるどころか思いっきり引きますよね？　私なら「そうですね」と返してそのまま店を出ます。

ですが、自分が身につけているものをほめられたら悪い気はしません。

何気なくジャケットを触っているとき、「素敵なニューバランスですね。それ、僕も欲しかったんですよ」と声をかけられたら、まず「自分と趣味が近い人なのかもしれない」と思い、相手に少しだけ関心が向くでしょう。そして、軽く雑談したのち、「今日は何かお探しだったんですか？」と聞かれたら、素直に欲しいものを伝えることができます。それがお互いに間が合ってきた状態です。

あとは、自分のセンスと販売スタッフのセンスがちょうどいい具合に折り合い、最後に「お似合いですよ」のひと言で背中を押されたら、お買い上げ決定です。

会話量の理想的な割合——ボンディング・ボリューム

ただし、ボンディングがうまくいく会話には、ある重要なポイントがあります。

それが、ボンディング接客術の6原則の3つ目**「ボンディング・ボリューム」**です。

会話全体を10として、**相手が6、7割、自分が3、4割の会話量**を心がけます。接客時に自分のほうが多く話していると思ったら、おそらく間が合っていません。

特に何かのレッスンやおけいこ教室の先生には、おしゃべり好き、教えたがりが多く、気がついたら1人でしゃべっていることがあります。私もどちらかというとそのタイプです（笑）。

だから、**要点**だけを短く話し、できるだけしゃべらない努力をして、お客さまの話に火がつくのを待ちます。

結局のところ、お客さま自身に語らせなければ、ニーズを把握できず、満足してもらえる商品、サービスを提供することはできません。

主役はあくまでお客さま。**自分が主役になってはいけません。**

「無言の相槌」が最強のエンゲージメントをつくる

お客さまの本音は、最後に出てくる

相手との「間」を確保したら、次は話を聞くこと、**「傾聴」**のフェーズに入ります。ここでも「ボンディング・ボリューム」が役立ちます。

ただし、この場合の**ボリュームは限りなくゼロ**にします。つまり「うなずき」がポイントになります。

傾聴するとは、相手の立場に立って話を最後まで聞き、相手の気持ちに共感しながら理解しようと努めることです。本書を読んでいるあなたなら、傾聴の大切さは十分わかっていると思います。

しかし、なかなかうまくいかないとも感じているのではないでしょうか。「サービスを提供する立場上、伝えたいことが次々浮かんで、つい相手の話をさえぎってしまう」と言う人も多いと思います。

コーチングでもよく「傾聴しましょう」と言いますが、傾聴力を身につけるには、まず形から入り、**相手が言い切るまでうなずく練習**をすることです。

なぜなら、人は最後まで何を言うかわからないからです。

特に日本語は「文末意思決定型」で、**本当に言いたいことを最後に言う傾向**があります。

たとえば、「今日は○○さんとお目にかかれて、本当に幸せです」「ありがとうございます」「でも、ちょっと緊張しています」という3つの文節のなかで相手に一番わかってほしいのは、実は「自分は緊張している」ということです。

そこを最後まで言わせずに、「うれしい！　私も幸せです」という言葉を挟んでしまったらどうでしょう。これは共感ではありません。相手は言いたいことが最後まで言えずに心を閉じてしまいます。

また、相手の本音、つまり相手の情報がキャッチできず、のちのち、話がかみ合わなくなってくる場合もあります。そうなると、サービスの効果にも影響が出てきます。

これが英語なら、「アイムナーバス」が最初にくるところですが、日本語はそうでないからこそ、自分の想像で相手の意思を結論づけずに、最後まで聞くことが大切なのです。

傾聴力が身につく「うなずきの練習」のポイント

私のパーソナルトレーナー養成コースでも、コミュニケーション・テクニックの時間を取って実技を行なっていますが、そのなかで最初にやるのが「うなずきの練習」です。カウンセリング時に、お客さまに対してうなずきをしっかりできるよう練習してもらいます。

われわれのようにパーソナルトレーナーになる人はホスピタリティ精神があり、何かを提案したいと常に思っています。そして、情報提供も商品の1つなので、相手にしっかり情報を届けたいと思っています。だからこそ気持ちが急いで、お客さまの話を最後まで聞かずに話し始めてしまうことがあります。

しかし、これを絶対にやってはいけません。
やれば相手のボンドが少しずつはがれてきます。なぜなら、人は「この人は自分の話を聞いてくれる」という相手を何倍も信頼する性質を持っているからです。

では、具体的にどうするかというと、「うなずき」は、「はい」「そうですね」などといった相槌とともに行ないがちですが、ここで大事なのは、**「うなずき」と「相槌」を分ける**ことです。

オンライン会議の場では、発言者以外は沈黙したまま深くうなずいて、「わかります」「聞いています」という意思表示をしますよね。それをリアルで行なうと思えばイメージしやすいと思います。

うなずきと一緒に「はい」「へえ」「そうですか」と口にしてしまうと、相手の話が止まってしまうと考えて、声は出さずに首を縦に振ることが、傾聴の大事なポイントです。

もう1つのポイントは、それを自分でコントロールできているか、ということです。

相手の話を聞きながら黙ってうなずき、話が途切れたところで、「なるほど」と相

槌を打つ。そうすることで、お客さまにとっては、「話していて心地いい」と感じる自然の間が生まれます。この使い分けが非常に重要です。

そして、相手の要望がつかめたタイミングで自分が話すと、相手の心も開き、見当違いな営業トークにならないというわけです。これができると、あなたにとって強力な武器になるはずです。

ラポールは、1回や2回の接触で築けるものではありません。「次の来店」を見据えて、相手を主役にすることが大切です。

ボンドがくっつき、リピーターになってもらうためには、目の前の相手の要望を確認し、常に実直な行動を心がける必要があります。

次の章では、お客さまと交わすトークやほめ方のコツについてお話ししていきます。

第3章

また会いたくなるコミュニケーション・テクニック

本心に気づかせてあげるのが最強のサービス

お客さま自身に気づかせるコツ

前章ではお客さまを主役にボンディングしていくテクニックについてお伝えしました。第3章では、さらにコミュニケーションを深め、お客さまと自然にボンディングしやすくなる方法をご紹介していきます。

この章で最初にお伝えしたいのは、お客さま自身に商品やサービスの良さ（＝効果）を語ってもらうことの大切さです。

たとえば、あなたがお客さまだとして、洋服屋さんで試着室から出たあと、販売スタッフから「お似合いですよ！」と先に声をかけられるのと、鏡に映った自分の姿を見ながら「着た感じはいかがですか？」と質問され、「そうですね、自分としてはいいかなと思います。サイズ的にもいいですね」と答えて、お店の人からも「私もすごくお客さまにお似合いだと思います」とほめられるのとでは、どちらが購入意欲は高まりますか？　おそらく後者ではないでしょうか。

その理由は、**人は自分の話を聞いてくれた人に心を開く習性がある**からです。そして、言葉は（聞く人より）発している人に強く反応する仕組みになっています。これが売れるコミュニケーションの原則です。

お客さま自身の感想を肯定し、共感することで、「やはり自分の思ったとおりだ」「お店の人から見てもそうなんだ」という納得感が得られると、「だったら買ってもいいかも」という気持ちになるのです。

どんなにすばらしい商品でも、店側から教えたり、導いたりして先入観を与えるのではなく、心がクリアな状態から、**お客さま自身で良さに気づき、本心を言葉にしてもらう**ことが何より大切です。

その上で、プロとして専門的な情報を渡してあげると、さらに買いたい気持ちに弾みがつきます。「実はこのシャツ、洗濯機ＯＫなんですよ」とか、「今、はいていらっしゃるスカートともお似合いですし、デニムをお持ちでしたら、そちらともぴったり合うと思います」など、お客さまにとって必要な特徴やメリットを提供します。この場合は、自宅で洗える利便性とその方のワードローブとの相性を説明することで、試着をしたとき以上に、そのシャツを買う理由が増えていくはずです。

お客さまに結果を言語化させて、プロとして承認する

では、その逆をやってしまったら、どうなるのでしょうか。

われわれトレーナーであれば、たとえば「ピラティスで姿勢を良くしたい」という目的を持ったお客さまに対して、セッション前後に鏡の前で姿勢をチェックしてもらうのですが、トレーニング後の姿勢がどうなったか、本当はお客さま自身から言ってほしい言葉を、こちらから言ってしまうことがあります。

トレーナー主体で考えると、姿勢の変化という〝結果〟が商品ですから、トレーニング後には姿勢が良くなっていてほしい。それで、少しでも改善されていると、うれ

しくなって、「○○さん、最初は右肩が少し下に傾いていましたが、左右のバランスがそろってきましたね。良くなっていますよ！」と、先に言ってしまうのです。

しかし、自分主導でコミュニケーションを進めてしまえば、お客さまの納得感、腑《ふ》に落ち度はそれほど上がりません。商品が良ければ売れると思っているのは、売る側の思い込みにすぎません。**「商品はあくまでお客さま主導で売れていく」**という原則を忘れてはいけません。

この場合で言えば、お客さま本人から「右肩が上がって、左右まっすぐになった気がします」と言わせた上でこちらが強く相槌を打ち、「おっしゃるとおりですね。左右の肩のバランスがとても良くなっていますね！」と承認するのが正しいコミュニケーションの取り方です。

そうすれば顧客満足度も上がり、次回もトレーニングを行なってくれるはずです。また、実際にお客さまの姿勢は、ご自身が感じたトレーニング効果を自ら言語化することで改善されます。脳はその言葉で表した「身体のカタチ」を覚えていくメカニズムがあるからです。

これと同じで、脳科学的には、自分の言葉で言語化していくことにより、高揚感、納得感、相手への信頼といったものも上がっていきます。

こちらから「おいしかったでしょう?」ではなく、お客さま自身に「おいしかった!」と言わせることで、相手の脳の記憶は「このお店に来れば、おいしい料理が食べられる」と書き換えられるのです。

「1人ビジネス」は、専門性が期待されている

専門性がスモールビジネスの最強の武器

商品、サービスの効果については、お客さまから語っていただくのが大切な一方で、売り手側から伝えないと、商品やサービスの良さが届かず、効果も得られずにラポールが下がってしまう領域があります。

それが、**専門的な知識**です。

特に、スモールビジネスには、専門性が期待されています。

専門性とは、**その人にしかできないこと、その人だからつくれるもの**と言い換えて

もいいでしょう。専門性を追求すれば、価値も上がりますが料金も高くなります。それでもお客さまのニーズがあり、リピートすることでどんどん満足度や達成感が上がっていくものです。

商品ジャンルはレッドオーシャンでも、その人の手を通すことで既存のイメージを覆し、お客さまにオリジナル感、ワクワク感を抱かせるからこそ心を動かされ、〝何度でも〟足を運びたくなるのです。

言葉を換えれば、**これからの時代は「わざわざ行く価値がある」お店だけが生き残っていく**のかもしれません。買い物離れが進む昨今、集客や売上に苦しむお店がある一方で、そうした専門性を武器に成長することができます。

ちょっとまわりを見渡すだけでも、カレー専門店、餃子専門店、黒毛和牛専門の焼肉店、チーズケーキ専門店、ヘアカラー専門店、ネイル専門店、お直し専門店など、商品点数を絞った分、専門的なこだわりを深め、いいものを知っているお客さまが訪れる小さなお店がたくさんあります。

逆に、専門性が必要ないのは、大きな施設で受けられるサービスや、安く大量に出回る商品など。トレーニング業界でわかりやすいのは、24時間ジムがそれに当たります。パーソナルトレーニングスタジオとは違って、設備さえあれば無人で運営できますし、使用料も格安です。

大きなコインランドリーなどもそうかもしれません。クリーニング店に出したときのように気になるシミは取れなくても、〝洗う〟ことに関しては、安価な料金設定で布団の丸洗いも可能です。

よくありがちなのは、そうした大手がやっていることをミックスしてしまうお店です。

たとえば、ファミリーレストランなら数十種類のメニューから選べるのがメリットですが、スモールビジネスでそれをやってしまうと、チェーン店では味わえないこだわりやクオリティが見えづらくなり、お客さまは何を選んでいいのかわからなくなります。

特徴のない小さいお店が選ばれるのは難しいとわかっているので、私自身はカテゴリーを分け、ヨガスタジオ、ピラティスのパーソナルトレーニングスタジオ、パーソナルトレーニングスタジオと、３つのスタジオをつくり、それぞれの専門性をしっかり押し出して集客しています。

そして、人材にお金と時間をたっぷりかけ、特に１人のお客さまに対して専任のトレーナーをあてがう１対１のトレーニングでは、トレーナーを独占できることを条件に高単価にしています。

専門性をリピートにつなげる方法

ここで大事なのは、この専門性を、お客さまをつなぎとめるためにどう活用するかということです。

たとえば、パーソナルトレーニングのなかに加圧トレーニングというメニューがありますが、私のスタジオでは、体験で最初に来店されたとき、このトレーニングのメカニズムや効果を必ずお伝えしています。

お客さまはフィットネスの重要性は知っていますが、なぜ加圧トレーニングで腕にベルトを巻くのか、理由はよくわかっていません。なかには、血圧を計るときのように、血液を止めて行なうトレーニングだという誤った認識を持っている方もいます。正確には、血流を制限していくトレーニングです。

ところが、このことをちゃんと伝えないスタジオのほうが圧倒的に多いのです。

専門性と言うと、上から目線のうんちくや解説と思われるかもしれませんが、自分たちにとって**当たり前のことを当たり前に伝える**ことが、効果を実感する上で極めて大事なのです。

反対に、専門的な知識を伝えていないとしたら、問題はお店側が「当たり前」の重要性を理解していないことです。つまり、お客さまの視点で商品が見えていないのです。よく「自分（専門家）の常識は、他人（一般人）の非常識」と言いますが、お店の「誰でもこの程度のことは認識しているだろう」という考え方は思い込みにすぎません。

先ほどの加圧トレーニングで言えば、お客さまが「血液を止めて行なうトレーニング」だと思っていたとすれば、「危険なトレーニングかもしれない」と不安を感じているはずです。でも、「血流を適切にコントロールした状態でトレーニングすることで、安全に効率良く筋力アップが図れますので、安心してくださいね」と最初に説明すれば、不安のほとんどは解消できるでしょう。

また、そんな説明がホームページやお店の前の看板に書かれていれば、たったそれだけで、「どうしようかな……」と迷って二の足を踏んでいたお客さまが、安心して扉を開けるかもしれません。

このようにお客さま目線で行動し、お店にとっての当たり前を伝えるだけでボンディングしやすくなり、顧客の数が増えることをぜひ覚えていてください。

専門的な情報を提供するというのは、あたかもマウントをとるようですが、あくまでコミュニケーションの1つとして活用することが大切であると、最後に付け加えたいと思います。

お客さまが熱くなる「キラー話題」をつかみなさい

お客さまとの距離をグッと近づけるプライベート・コミュニケーションとは？

「キラー話題」とは、お客さまが最も興味を持っていて、人生において今最も重要だと思っていることを指します。その方にとってのキラー話題を知っていると、ボンディングも容易にできるようになります。

これはボンディング接客術の第3ステップ**「プライベート・コミュニケーション」**のテクニックの1つで、興味を共有することで、お客さまのボルテージが上がり、距離がグッと近づくと同時に、よりプライベートな関係性がつくれます。

単なるスタッフから人生の相談相手に昇格することも可能なテクニックですので、ぜひマスターしてください。

キラー話題の探り方

そのためにまずやってほしいのは、一緒に盛り上がれるライトなキラー話題を逆探知することです。世間話として盛り上がれる**共通の話題を探し当てる**ためには、**自分の得意な分野から会話をスタートさせる**のもおすすめです。

私なら、洋服が好きなので、女性のお客さまに対して、「春物、何か買われましたか？」「この時期は何を着ていいのか悩みますよね？」などと話しかけてみます。そこで、「この春はグリーンが気になって、この間、けっこう鮮やかな緑色のパンツを買っちゃいました！」なんていう返事が返ってきたら、その方とはファッションの話題で盛り上がれそうです。よく買い物をする場所や好きなブランド、コーディネートのこだわりなど、お会いするたびに話題を深めていきます。

洋服に興味がなければ、「映画、最近、観ましたか？」「春のドラマ、何か見ていますか?」「音楽はどんなジャンルを聴きますか?」、若い女性なら「インフルエンサーで好きな人はいますか?」「コミックは何が好きですか?」など、**自分がついていける話題**で、**年代に合わせた情報から入っていく**ことが大事です。

われわれのようなスポーツトレーナーの場合は、お客さまのほうからスポーツの話題をふられることも多いので、相撲だったら今場所は誰が優勝したのか、WBCやサッカーワールドカップの結果はどうだったのか、最新の情報を常にアップデートしておくことが大切です。

これは業界に関係なく、自分が扱っている商品、サービスにかかわることで、世間も熱くなっている話題については絶対に知っておくべきでしょう。

キラー話題が重要である、本当の理由

普段から共通の話題で話し合える関係性になると、実は、より早くお客さまの目的地にたどり着くことができます。

なぜなら、コミュニケーションの量が増えるほど、相手が安心して本音を打ち明け

てくれるようになるからです。早く話してくれればくれるほど、成果も出しやすくなります。つまり、お客さまの幸せに貢献できるのです。

私たちが提供する商品やサービスは、もともとお客さまの悩みを解消、改善するためにあります。その悩みの根底にあるものこそ、お客さまにとっての本当の「キラー話題」です。

「同じ話題で盛り上がれるあの人は、私のことを認めてくれ、好意を持ってくれている」

と思えると、自分も相手のことが好きになります。すると、悩みの本質をストレートに打ち明けやすくなり、受け取った私たちも、最も有効な方法でその悩みを改善しようと試みるというわけです。

また、お客さまにとって気兼ねなく相談できる相手になれれば、**心理的安全性が担保され、1人で悩む時間が生まれない**ため、結果として大きなトラブルになりにくいというメリットもあります。

反対に、気をつけなければいけないのは、お客さま以上に自分が熱くなってしまうことです。

以前、初めて訪れた美容院で、担当の女性とK-POPの話題になったのですが、私はそれほど詳しいわけではなかったので、早く終わりにしたかったのです。ところが、担当者自身がどんどん熱く盛り上がっていき、興奮のあまりカラー溶剤が私の白いシャツに付着。あわてて店長が飛んできて、平謝りされたことがあります。悪い人ではありませんでしたが、プロとして信用できず、それきり、その美容院に行かなくなりました。

そんな経験をして以来、

「お客さまを置いてきぼりにして、自分が調子に乗ってはいけない。それは相手も盛り上がっている話なのか、自分しか盛り上がっていない話なのか、冷静に見極めることが大切だよ」

と、スタッフにはいつも話しています。

「買わないと損」「やらないと損」と思わせるテクニック

自分の商品・サービスの希少性は何か？

時には、あなたに価値があると思っている商品、サービスが売れないこともあるでしょう。売り手としては、とても寂しく、不安になるものです。

しかし、それはあなたが思っている価値がしっかりとお客さまに伝わっていないからかもしれません。

そんなときは、**自分が提供する商品、サービスの希少性**を探してみてください。

なぜなら、需要に対して供給が少なく、なかなか手に入らないものに人は価値を感じ、欲しくなる習性があるからです。

自分が思う商品のメリットを100個箇条書きにして、そこから「これはお客さまにとっても希少だ」と思うものをピックアップするのもおすすめです。

それを謳《うた》い文句にして店内POPに工夫を凝らしたり、直接語りかけたり、SNSなどで発信したりすることで、「限られているものはより価値が高く感じる」という顧客心理が働き、想像以上の効果を生むことができます。

希少性の種類

たとえば、私の趣味の1つに古着屋巡りがあります。特に軍物ヴィンテージには目がありません。家族には「緑色の同じズボンばかり買ってくる」と怒られますが、私にとっては一つひとつ違うものであり、希少なものです。軍物とは、それぞれの国が国家の威信をかけてつくった究極の作業着です。年代ごとに仕様が違い、一定期間を過ぎると生産は終了します。したがって、年代が古く、人気のあるものは市場に出てもすぐなくなってしまうのです。私の場合は、たまたま探していたものが自分のサイズで見つかれば、高くても買うことをその場で検討します。明日はすでに売り切れている可能性のほうが高いからです。

もし、あなたのお店がヴィンテージものを扱っている場合は、こうした衣類に限らず、生産された国、年代、もともとの生産数、製作者のストーリー、素材や仕様の特徴などを語るとともに、有名人の愛好者（権威付け）など、希少性を余すところなく述べてください。そして最後に、「今、市場にはこれしかありません」「人気が高いので、これを逃すと次はない可能性が高いです」と、言い切ることが大切です。

また、「1日50個限定」「お一人様1点限り」など、数量限定を大きく掲示し、「早く行かないと売り切れてしまう」という気持ちをあおるのも効果的です。食材には牛肉のシャトーブリアンに代表されるような希少部位というものも存在します。

こうした**「数量の希少性」**に**「会員さま限定」**といった要素を組み合わせると、より価値が高まるでしょう。

お寿司の握り方や縫製の仕方といった、職人技的な希少性を訴えることも必要ですが、それを伝える前に、お店の商品、サービスそのものの希少性を情報としてしっかり伝えることが大切です。先ほどの古着でも、情報を知らない人にとっては「ただの緑色のズボン」であることを忘れないでください。

私が大切にしているのは、**時間の希少性**と**人の希少性**です。

学生時代以来、運動したことがないという40代の女性が来店したら、私なら、女性の更年期の傾向についての情報をお話しします。「若いうちから定期的に運動してきた人ほど、更年期の症状は軽いことが研究・調査の結果わかっています」と伝え、身体のことを考えて、今日からでもトレーニングを継続して行なう必然性を強調します。

そう言われると、今日から運動を始めるのと、1年後から運動を始めるのとでは、更年期障害に対するリスクが違うことを認識できるので、心理的に「そうか、私にはあまり時間がないんだ。早く始めないとまずい」と思ってもらえるのです。

継続的に身体を動かしていない人ほど運動の価値を知らず、「運動なんていつでもできる」と思っている人が非常に多いのです。そういう方にサービスの価値を裏付ける情報をしっかり届け、選んでもらうことが重要です。

私はさらに人の希少性について、「トレーナーの予約が埋まっているので、お取りできるのは、この曜日（時間）しかありません」と、物理的な情報をお渡ししてアピールします。その結果、サービスだけでなく時間・人にも希少性が生まれることで、強力な希少性となるのです。

ここで大事なのは、ウソではないことです。

イメージ戦略ではなく、事実を言って、お客さまに希少性を理解してもらい、心からやる気になっていただくのです。先ほどのヴィンテージのズボンで言えば、レプリカを「本物」と言ってはいけません。

「買ってください」より「売ってあげます」に人は集まる

商品・サービスに、絶対の自信があればできること

売れる商品、サービスになるかどうか、希少性の力は非常に有効です。

ただし、継続して来店していただくためには、**「買ってください」とあえて言わないこと**をおすすめします。

「そうは言っても、営業トークは必要でしょう」と思われるでしょう。それはもちろんそうです。しかし、スモールビジネスをされる方は誰でも、自分の扱っている商品がいいものだと信じているはずです。そして、信じている商品に価格を決めて販売し

ているはずです。

だからこそ、**信じた商品を安売りする必要はありません。**これは実際に値段を下げるという意味ではなく、精神的な意味を含めて、ということです。実は、「買ってください」と言わないお店ほど、お客さまはリピーターになってくれるのです。

お客さま視点で、ライバル店を紹介する理由

たとえば、ある高級輸入車ディーラーのトップセールスの男性は、「オープンカーが欲しい」というお客さまがいても、それが自社になければ、別のディーラーを紹介することを主義としていたそうです。

一般的な営業マンなら、自分の売上を上げることを優先する人のほうが多いでしょう。自社商品のなかから欲しい車に近いものを提案し、「オープンカーでなくてもサンルーフですばらしい景色が見えます」「フルレザーシートで当たりが柔らかく、ラグジュアリー感が違います」などと言って、その気にさせようとするはずです。

ところが、その男性は無理に売らないどころか、「それなら○○にありますよ」と

わざわざライバル店をお客さまに紹介するというのです。

常にお客さま目線に立ち、「オープンカーに乗って風を切って走ることこそが、そのお客さまの目的だ」と思えば、お客さまが喜ぶことを徹底的にやり抜くことが、彼の仕事の価値観なのです。

結果として、そのスマートかつ毅然《きぜん》とした対応がお客さまの記憶に残り、「彼なら信頼できる。次に買うときはこの人から買いたい」という思いを抱かせたということです。そんなお客さまが少しずつ増えていき、いつの間にか日本一の売上を誇るトップセールスにまで上り詰めたのです。

これはつまり、売り手の個性でお客さまの心をつかみ、商品を購入する際の判断基準を変えてしまったということです。

自分の商品・サービスに自信があれば、返金はいとわないという覚悟

私の例で言うと、「買ってください」ではなく、「無条件返金」を申し出て、リピー

ト顧客を増やした経験があります。それはクレームからの逆転劇でした。

ある日、パーソナルトレーニングの体験に来たお客さまがいました。その方の目的は、ダイエットと腰痛の改善でした。体験時にトレーニングを行ない、私の指導が気に入って、その場で回数券も購入していただきました。

ところが、次の週にいらしたとき、「この間のトレーニングのあとに、腰痛が悪化した」とクレームをつけられました。そのような指導をしたつもりはないので聞き取りをしたところ、トレーニングの3日後に腰痛がひどくなったこと。そのあと鍼灸院へ行き、先生から「トレーニングが原因だ」と言われたとのことでした。

それに対して、トレーニングで腰の痛みは助長されないことと、「今日のセッション後も腰痛が出たら、チケットの残金は特別に返金します」とお伝えしました。

日本では、お客さまの勝手な都合による返金には応じないのが一般的です。ですが、私に不信感を持ちながら「もうお金を払ってしまったから」と、惰性でトレーニングをしても信頼関係は築けず、身体にいい変化は起こりません。それがわかっていたので後悔もありませんでした。

結果的に、その日のトレーニングでお客さまの腰痛はほぼなくなり、その後、通い続けてダイエットも順調に成果を出し始めました。さらには、「先生のトレーニングを受けて腰痛が改善した」というその方の口コミで、職場の同僚の方が「私もそのスタジオに行きたい」と来店されました。今ではお二人そろって、定期的に来店されています。

買ってもらわなくてもいいお客さまには無理に売らない

正直に言えば、そのときの私は、自分の価値を下げたくなかったのです。お客さまの言いなりになって謝罪するなどもってのほかです。その気持ちの表れが「返金」でした。その真意を汲み取っていただいたのかどうかはわかりませんが、2回のトレーニングでその方の心理状態が、おそらく**不信から信頼に変わった**のです。

自分が無理をして、価値観の合わない人をお客さまとして選びたくない。お客さまは神様ではない。対等でありたい。そう思う気持ちを貫いたことが、逆にその方とのボンディングになったというエピソードです。

言い方を換えれば、**自分にウソをつかないことが、ボンディング接客術の核心**なのかもしれません。

売り手としては、一人ひとりのお客さまに精一杯の情報を提供し、精一杯、寄り添いますが、それで買ってくれないなら仕方ない。自分の価値観と合わなければ安売りして買ってもらおうとしないという姿勢は、どの業種にも通用する話でしょう。

自分がお客さまの立場でも、「買ってください」より「この人に売ってあげたい」という気持ちが伝わってくるお店に心地よさを感じます。そして、「買って良かった」という満足感も高いと思うのですが、皆さんはいかがでしょうか。

お客さまをほめていいシーン、ダメなシーン

お客さまに対して「お世辞になっていないか」と思ったら……

自分にも、お客さまにも、ウソをつかない。これはほめるシーンにおいても同じことが言えます。

どんなお店でも、接客する際、お客さまをほめるのは商売の基本です。

「このアイテムを着こなせる方はそういません」

「お肌がとてもきれいですね。何かやってらっしゃるんですか？」

「実においしそうに召し上がりますね！」

「すごくかわいいです！」

などなど。

しかし、これってお世辞っぽく聞こえていないかな？

買ってほしいと思う本音が透けていないかな？

裏がありそうな印象を与えていないかな？

と思いながらほめてはいませんか？

自分でそう感じたときは、商売のためにテクニックでほめるのではなく、自分の気持ちに正直になって、感動を伝えてみてください。

すると、お客さまはあなたからのほめ言葉を素直に受け取ってくれるはずです。

その理由は、どこかで聞いたような借り物の言葉でいくらほめても、相手に信用されないからです。

逆に言うと、**本心で伝えたほめ言葉であれば**、多少不完全な言葉であっても、笑顔で言い切ることができ、**相手の心に刺さる**ものです。すると、ボンドがくっつき、お客さまが積極的にリピートしてくれる状態をつくることができます。

ほめ上手のコミュニケーション術

たとえば、パーソナルトレーニングはマンツーマンで行なうので、人と比べないのがいいところですが、一方で、お客さまは自分がどれだけ成長しているのかわかりません。

そのため、「〇〇さん、ここまでできるようになりましたよ。よくがんばりましたね！」と本気でほめてあげることが、お客さまが「そうか、だったらもっと上を目指そう」「もっと変わろう」と変容するためのとても重要なファクターになります。

パーソナルトレーナーとは、努力して高度な専門技術を取得するのと同じくらい、ほめ上手になる努力が必要な職業なのです。

もっと言えば、美しくなるために来ている場所で、美しくなった自分をほめてもらえなかったとしたら、お客さまもやる気が半減してしまいます。個人的には、お客さま（特に女性）はほめられればほめられるほど美しくなると思っています。

ところが、**ほめるのが上手な人はそう多くありません。**なぜかと言えば、トレーナーに限らず、**人は日頃、誰かをほめることがほとんどない**からです。

しかし、成長しているのにほめないとしたら、それはお客さまより自分のポジションが上だと暗に言っているのに等しい行為です。

特にトレーナーは、「このポーズは難しいでしょう？」「僕ほどの柔軟性はないでしょう？」と自分の優位性をアピールする人が多いのです。

そこで、パーソナルトレーナー養成コースでは、コミュニケーション・スキルを学ぶ第1フェーズに**「相手をほめるクセづけ」**を置いています。

ほめる練習のポイント

子育て経験のある方はわかると思いますが、「ご飯を食べるときはテレビを見ないで！」「机を汚さないで！」「支度はできたの？　ぐずぐずしないで！」など、親は子どもに対してつい口やかましく言ってしまうものです。

しかし、人間の行動は、否定的な言葉だけでは変わっていきません。そうではなく、「机を片づけてくれてありがとう」「自分からテレビを消して、えらいね」「もう歯を磨いたの？　よくできたね」と、できたことを肯定してあげてこそ、子どもたちもやる気のスイッチが入り、成長していきます。そのときの親御さんは、「この子は本当にえらい」と思っているはずです。

トレーナーを養成するときも同じで、**「小さいことでいいので、心から思うことをほめましょう」**と指導しています。

「トレーニングがんばっていますね」「今日もレッスンに来てくれてありがとうございます」「ウエアの色が素敵ですね」など、ちょっとしたことからほめる練習をしてもらいます。

それがある程度できてくると、だんだん大事なところをほめられるようになってきます。「股関節の屈曲がしっかり取れていますね」「呼吸が大きくなってきましたね」「手首がしっかり安定していますね」など、身体のより細かいところをほめられるようになります。そうなればしめたものです。

それでも、お客さまのなかにはほめられたことをご機嫌取りと受け取り、疑心暗鬼になる人もいます。

そんなとき、私なら

「僕はプロとして、身体のことについては決してウソをつきません。○○さんよりもっと身体が動く人はいます。でも、○○さんは以前より確実にうまくなっています。そうでなければ、僕はあなたのことをほめません。なので、自信を持ってくださいね」

と言い切ります。すると、お客さまも信用してくれ、心からの笑顔を見せてくれます。

ここで大事なのは2点です。

①本当に、心から自分が思ったことだけをほめること。

②真剣にほめること。

皆さんがご自身の商売でどうほめていいか迷ったときは、自分の気持ちに正直になってください。きっとお客さまに伝わるはずです。

ほめテクニック（上級編）

先日、こんなことがありました。加圧トレーニングの効果として、お客さまの髪のツヤが良くなることが多々あるのですが、「髪のツヤが出てきましたね」とお伝えしたところ、「本当ですか？　実は昨日、美容院に行ったら、美容師さんにも髪にツヤがあるってほめられたんです」と、うれしそうに話してくれました。

自分が扱っている商品に対する、こうした**二次的効果（副次効果）**も大事なほめ要素です。プロの目線でお客さまを見たとき、自分が届けた商品、サービス以外にも納得できる効果を感じたら、ぜひほめてあげてください。

それから、**どうしても言わなければいけないことは、ネガティブな意見も正直に言ってあげて**ください。

あるメイクアップアーティストさんは、「あなたにこのアイシャドウは似合わない」など、ズバッと辛口コメントを言うのですが、裏を返せば、プロとしてその商品をしっかり理解しているからこそ、自信を持って相手に伝えられるわけです。その人に教わらなければ、結局、誰からも「似合わない」と言ってもらえず、見た目で損をしてしまうケースは非常に多いと思います。

しかし、**逆にそれで相手の信用を得られます。**

私も、たまたま入ったお店で、「お客さまは首回りが太いから、同じTシャツでも、こちらの首回りが広いほうがお似合いになりますよ」とはっきり教えてもらい、そのインパクトが大きくて、しばらくその販売スタッフさんがいるお店に通った経験があります。

いいことも、そうでないことも、**言うからには自分に自信を持って本気で伝える。**それがきちんと相手に届いたとき、ボンドがピタッとくっつきます。ボンドが同じ圧力でくっついていれば、そう簡単にはがれることはありません。

旧世代コミュニケーションの効力を無視してはいけない

自動化しないほうがいいサービス

スーパーやコンビニにおける「セルフレジ」の導入率が年々高まっています。2021年の調査（出典：スーパーマーケット年次統計調査報告書〈2021年〉）では、大手を中心とした4〜5社に1社の企業（23・5％）が「設置店舗あり」という結果でした。

大手チェーン系のスーパーやコンビニは便利さが売りです。置いてある商品は定番商品ばかりで、個性的なものがない代わりに、ひと通り必要なものをそろえることができます。便利さを求めてくるお客さまばかりなので、スムーズに会計を済ませられる「セルフレジ」とは相性がいいのです。

一方、これが小さな商店であれば、オーナーの好みで一つひとつ品物を仕入れて、それが好きで買いに来るお客さまもいます。そして、店主がレジを打ちながら、地元のお客さまと談笑するような和やかな光景も見られます。

このように、世の中には**「自動化しないほうがいいサービス」**もあります。

スモールビジネスであるほど、お客さまとのアナログなコミュニケーションが大切です。

アナログなコミュニケーションの効用

私の経営するパーソナルトレーニングスタジオでも、時代の流れでキャッシュレスチケットを事前に購入していただいていますが、その後、もぎりタイプの紙チケットをお渡しししています。

そうすることで、予約の時間にお客さまが来店され、受付でチケットを切る際に、相手の顔を見ながら、「チケットをいただきます。ありがとうございます」とお礼を言って、現金と同じようにありがたみを感じることができるからです。目には見えなくても、お金が動いていることを、スタッフ自身がしっかりお客さまに表現することがとても大事だと思っています。

「メラビアンの法則」と言って、コミュニケーションにおいて言語情報が7％、聴覚情報が38％、視覚情報が55％の割合で、相手に影響を与えるという心理学の法則があります。

アナログよりシステムが強くなると、このなかで最も割合の多い視覚情報が少なくなります。キャッシュレス化が進めば、当然のことながら現金を見る機会が少なくなり、お金をもらっている意識が少なくなり、**お客さまへの感謝の気持ちや、「お金をいただくことで商売が成り立っている」という意識も少なくなりがち**です。

それで、利便性は大切にしながら、商売の基本である「ありがとう」の精神をお客さまに伝える方法として、「紙のチケット」を用意したというわけです。

一方で、ピラティススタジオでは、トレーナーの数が多いので、同じようにアナログにすると、人的ミスが生まれてしまいます。そのため、完全に電子チケットにし、予約もシステム上で行なえる方向に変えています。

私はどちらも正解だと思っていますが、お客さまと心を通じ合わせるコミュニケーション手段の1つとして、**「ありがとう」**は欠かせません。

システムを使おうが、紙のチケットを使おうが、「ありがとう」という言葉をトレーナーやスタッフが言えること。それがお客さまに伝わることがとても大事だと考えています。

あなたも、自分のお店がお客さまとどんなコミュニケーションを取りたいのか、考えてみてください。

また、私の経営しているスタジオでは、予約システムすら使わないアナログの店舗があります。通っていただいたときに、口頭で「次はいつにしますか?」とスケジュールを確認し、休むときも電話やメールをいただくようにしています。

アナログの利点は、お客さまのプライベートを知ることで話題が増え、文字どおり「ご機嫌をうかがう」接客が可能になることです。お客さまからお休みの連絡が入ったとき、「お風邪ですか? 無理はしないでください。お大事にしてください」とお見舞いの言葉をかけるだけでも、人間味のあるコミュニケーションができます。

心の通ったパーソナルなやりとりができるアナログのシステムを採用することで、

スモールビジネスには次のようなメリットが生じます。

◎コミュニケーションの頻度が増える。
◎お客さまの潜在ニーズを知ることができる。
◎ストレスに感じていることを把握できる。
◎話や悩みを聞いてくれたという信頼ができる。
◎プライベート感覚で個別に提案ができる。
◎ほめたり、勇気づけたり、応援ができる。

極端な話、1人で営業しているお店の場合、シンプルに言うとシステムは何ひとつ必要ないかもしれません。現金商売をして、予定は手帳に付け、お客さまには電話やメールで対応する。そして、お店でお客さまに商品やサービスを提供していくことが可能でしょう。

スモールビジネスをやっている人は、今すぐスマホから離れて、お客さまとどんどん〝リアルな会話〟をすることをおすすめします。そうすることで、両者の絆はさらに深くなっていきます。

ｅｘｃｉｔｅニュースの２０２２年１月の記事で、「あえて時間をかけるアナログ生活のススメ」が特集されていました。

デジタル時代だからこそ、あえてアナログな暮らしをしたい人が増えていて、アナログ時計や黒電話、わざわざ手書きで手紙を書く人が増えているそうです。

「デジタル時代だからこそ温もりを大事にしたい」と言うお客さまも増えています。

あなた自身が、それを望むお客さまから求められる存在になりましょう。

共通点の言語化で、「相棒感」を創出

ラポール形成力は、環境・経験で変わる

お客さまに満足していただくためには、ラポールを築くことが欠かせません。そして、そのためには〝相棒感〟を持ってもらうことが大切です。

たとえば、同じ商品を販売するに当たり、同じ情報・技術を持っている2人のスタッフがいても、1人にはリピーターがつき、もう1人にはリピーターがつかない場合があります。

単純に言えば、リピーターにつながらないスタッフは実力不足と解釈されます。ここでの実力不足は、ラポールを築く実力不足です。知識不足や技術不足、経験不足で

はありません。

ただし、そのスタッフの経歴によって、リピーターになるお客さまの層は変わってきます。

うちのジムで言えば、同じ年齢の、2人のトレーナーの過去のプロフィールが、1人はダンサーを15年、1人は会社勤めを15年やっていたとします。

あるお客さまが、ダンサーを目指してトレーニングスタジオに来た場合、おそらくダンサー出身のトレーナーのほうがリピートにつながる確率は高くなります。また、別のお客さまが会社員で、毎日座り仕事で肩こりがあり、目的がその悩みの改善である場合は、もう1人のトレーナーのほうがリピートの確率は上がると思います。

これを**「類似性」**と言います。**同じ環境下にあった人同士は、ラポールが築きやすく、ボンディングしやすい**のです。

お客さまとの相性を意識したスタッフマネジメント

ということは、経営者の采配で、お客さまと同じような環境・経験を持ったスタッフを組み合わせることで、リピーターが増える可能性も高まるということです。

私も、体験の予約メールが来たときは、年齢や性別、お問い合わせの文章から何となくお客さまのバックボーンをイメージし、「この人に任せよう」と決めて振り分けしています。

過去には、キャビンアテンダント経験者のトレーナーもいて、指導者としてのスキルはまだまだでしたが、そういう女性としてのステータスを求めているお客さまとの相性はバツグンでした。

つまり、「技術や経験があるから絶対に売れる」ということではなく、**「相棒感で売れる」**ことは確実にあるのです。

だからこそ、キャラクターは非常に大きな要素であり、スタッフをつける際の組み合わせは慎重に行なうべきだと考えています。

そのためにも、スタッフがそれぞれどんな経歴、生活、世界を持っているのか、オーナーがすべて把握しておくことが大切です。担当者をキャスティングするとき、「この人となら会話が弾むんじゃないか？」というデータが常に頭のなかで整理されていると、マッチング率が上がってきます。

ラポール形成力を上げるテクニック

もちろんラポールを築くためには、他にも必要なことがあります。

ミラーリングや**ページング**です。

ミラーリングとは、相手と同じ動作をすることです。同じタイミングで腕を組む、うなずきをする、呼吸のタイミングやまばたきを合わせることで共感性が高まります。

ページングは前章でもお話ししましたが、話のスピードやトーンを合わせることです。

こうしたテクニックを使うことで、ラポールはより築きやすくなります。

もちろん、間違ってはいけないのは、テクニックが大切なのではなく、お客さまに良い商品を届けたいという思いがあること。この最重要ポイントを忘れてはいけません。

第4章

お客さまの「目的の裏側」を知る

お客さまは「メリット」より「ベネフィット」を求める

「メリット」と「ベネフィット」の違い

この章では、お客さまがリピートする真の目的を知るための質問テクニックを紹介するとともに、新しい価値の提供を通じて驚きや感動を与えるビジネスの極意について、お話ししていきます。

お客さまの要望に応えるだけでは、「ありがとう」と言われることはあっても、驚きや感動を届けることはできません。

お客さまの要望の裏側にある本当の目的、夢、お客さま自身が気づいていない問題点などを発見し、具現化していくことが大切です。

そこで知っておきたいのが、**メリットとベネフィットの違い**です。

メリットとは、その商品やサービス自体が持っている機能的な価値やセールスポイントのことです。ダイエット食品であれば、低カロリーや手軽に食べられるといったことが最大の商品特徴であり、メリットです。

一方のベネフィットは、利益です。同じダイエット食品なら、低カロリーの商品を別の食品と継続的に置き換えることで、体重が減るというもの。お客さま自身が使用した先に得られる恩恵が、ベネフィットです。

まずは、この違いを明確にしておきましょう。

トレーニング業界での、メリットとベネフィットの違いとは？

われわれのビジネスであれば、「肩こりや腰痛を軽減したい」と来店されるお客さまがいます。その方には、次のようにメリットとベネフィットの違いを分けてご説明します。

「これから行なうトレーニングは、肩こりや腰痛の軽減を目的とした動きを取り入れています。1回体験するだけでも少しは身体が楽になるでしょう（＝ここまでがメリット）。ですが、より良い身体の状態を目指すためには継続が必要です。もし、今すぐに痛みを取りたいのであれば、応急処置として鍼灸院や病院へ行くことをおすすめします。

ただ、トレーニングを継続していくと、自分の力で肩こりや腰痛を改善できます。痛みの出にくい身体を根本からつくっていくことで、ストレスのない生活を送れる可能性がありますよ（＝これがベネフィット）」

そうお伝えすると、リピートを決断される方がほとんどです。なぜなら、お客さまが本当に求めていたのは、その場しのぎの効果ではなく、もっと遠くにある「痛みからの完全解放」だからです。

つまり、**お客さまは、メリットよりベネフィットを求めている**と言えます。

このように、メリットとベネフィットを分けて説明すればするほど、実はお客さまの購買意欲が高まります。

メリットだけでなく、購入後に得られる変化や結果（ベネフィット）にもしっかり焦点を当てて説明することで、お客さまは未来の自分の姿を想像でき、確実に自分事として捉えるようになるからです。

あなたの商品・サービスの「ベネフィット」は何？

そこで大事になるのが、自分のお店ならではのベネフィットは何かということです。

レストランであれば、お客さまはおいしい料理を食べることの「その先の目的」があるかもしれません。たとえば、カップルで来店され、「ちょっと店内を見せてもらっていいですか？」と言われたとしたら、次のようにベネフィットを語ってみるのもおすすめです。

「こちらのテーブルにお座りいただくと、この角度から見える富士山がとてもきれいですよ」

「このお席は人目につかないので、半個室のような使い方ができます。大事なお話やお祝いでしたらおすすめのお席です」

「本日はグループのお客さまがいらっしゃるので、少し騒がしいかもしれません。こちらのお席でしたらお二人で静かにお食事を楽しんでいただけると思います」

などと言いながら店内を案内することで、食べる前に「自分たちの食事シーン」がイメージでき、テンションが上がって「ここで食事したい」という感情が湧いてくるのです。

お客さまに未来の姿を想像させる――ボンディング・ボルテージ

これが「ボンディング接客術」でお客さまと強い絆をつくる上で重要なポイントの4つ目**「ボンディング・ボルテージ」**、すなわち興味づけです。

梅干を見ると唾液《だえき》が出る現象のごとく、人は未来の姿を想像するだけで、脳内の働きによって、その状況に置かれたときと同じような感情を体験できることがわかっています。

車のコマーシャルで、小さかったわが子が大きくなって、一緒にドライブする未来の映像を見せたり、家電の宣伝でその商品の購入者インタビューを載せ、どれだけ家事が楽になったか語ってもらったりすることで興味が湧いて、将来の自分と重ね合わせた未来を想像でき、購買欲求をより刺激することが可能になります。

逆に言えば、**「その先の映像」**を想像させることができなければ、どんなに商品の品質が良くても、売れない可能性があるということです。

皆さんも、自身のお店のメリットはたくさん思いつくはずです。それらをできるだけリストアップするところから始めてみましょう。

その上で、「このメリットから、こんなベネフィットが生まれる」と、言語化してみてください。

より具体的なベネフィットを伝えることで、ぜひ、お客さまのボルテージを上げていただきたいと思います。

お客さまの「隠れた目的」を知る3つの質問

「潜在ニーズ」のさらに深層にある「インサイト」を引き出せ

　そうは言っても、お店の商品、サービスのメリット、ベネフィットを一方的にまくし立てるだけでは購買には至りません。あらためて言うまでもなく、提案が成功するかしないかは、顧客ニーズを的確に把握できているかどうかにかかっています。

ただし、お客さま自身が欲しい商品やサービスを自覚しているとは限りません。

よく言われることですが、顧客ニーズには**「顕在ニーズ」**と**「潜在ニーズ」**が存在します。顕在ニーズは「その商品が欲しい理由」が表面に出てきている状態、潜在ニーズは「欲しい」欲求があっても、なぜ欲しいのか、明確な悩みや目的に気づいていない状態を指します。

しかし、実はその潜在ニーズのさらに深層には、言語化できていない本音や隠れた目的**「インサイト」**があります。実際には、顧客インサイトを引き出し、お客さまに新たな気づきを与え、その結果として、お客さま自身に潜在ニーズを認識させ、行動の変容を促す必要があります。

顧客インサイトを引き出す質問――ボンディング・アチーブメント

では、どのようにしたらインサイトを引き出すことができるのでしょうか。

答えは、**質問力を身につける**ことです。

ここで、実践テクニックをご紹介しましょう。6原則の5番目のポイント、お客さまの目標を共有するための**「ボンディング・アチーブメント」**です。

これだけは押さえておきたい、基本の質問テクニックは段階的に3つあります。

①クローズドクエスチョン

クローズドクエスチョンとは、断定的に相手が答えられる質問です。

たとえば「今日はお買い物ですか?」「青はお好きですか?」「運動はお好きですか?」など、「はい」「いいえ」で答えられることを質問します。

②オープンクエスチョン

オープンクエスチョンとは、答えが自由に広がる質問です。

「今日はどのようなものをお探しですか?」「青色であることが最優先ですか?」「運動が好きな理由は何ですか?」など、相手の答えによって会話が広がるような質問をします。

③チャンクアップ

チャンクアップのチャンクは「塊」という意味で、漠然としていてもいいので、大きな目標に気づいてもらい、それを共有するための質問です。

「どうしてそれが必要なのですか?」「なぜ青でなければいけないのですか?」「運動

をしてどんな姿になることが理想ですか？」など、相手が本来持っている潜在的なサブテキスト（本心）を聞き出すことが必要になってきます。

顧客インサイトを引き出す質問の使い方

まずは「クローズドクエスチョン」で、相手との間合いを取りながら、大まかな情報を確認していきましょう。私のスポーツジムでのカウンセリングであれば、こんな感じです。

私　「部屋の温度、寒くないですか？」
お客さま「はい、大丈夫です」
私　「本日はご体験ありがとうございます。担当の日野原と申します。お名前の読み方は〇〇さんで合っていますか？」
お客さま「はい」
私　「お申込用紙に〝ダイエット〟と書いてありますが、今回のトレーニングの目的はダイエットでよろしいでしょうか？」

お客さま「はい」

ここから「オープンクエスチョン」で、徐々に要望の輪郭をはっきりさせていきます。

私「もう少しお聞きしたいのですが、だいたい何キロぐらいやせたいのですか？」

お客さま「10キロはやせたいです」

私「10キロですね。期日はいつ頃までにと決まっていますか？」

お客さま「そうですね、できれば半年ぐらいで」

私「身体のなかで、特にここを細くしたいという部分はありますか？」

お客さま「二の腕とウエストを引き締めたいです」

次は「チャンクアップ」で本当の目的を掘り下げていきます。

私　「なぜその期日までにダイエットをしたいのですか？　良かったらお聞かせください」

お客さま　「実は、半年後に結婚式があるんです。ウェディングドレスを着るので、腕とウエストをきれいに見せたいんです」

私　「結婚式のあとはどうですか？」

お客さま　「できればリバウンドしたくない。やせてきれいなままでいたいです」

ここまで聞くことができたら、ダイエットの目的はご自身の結婚式のためであり、ダイエットが成功したあともきれいでい続けたいという目標を共有することができます。

お客さまとの会話を通じて、一緒に答えを見つけていく

かなりわかりやすい例でご紹介しましたが、人によっては、ダイエットの本当の目的は

「半年後の同窓会で、初恋の人に『昔とスタイルが変わらない』と思われたい」

とか、

「半年間でみるみるきれいになって、パートナーにもう1回愛されたい」

とか、同じダイエットでもその先の理想の自分をうまく表現できない場合もあるはずです。

あるいは、しゃべっているうちに自分の本当の目的に気づく人もいるでしょう。

ですが、お店のスタッフとお客さまが会話のなかからこうして一緒に答えを見つけていくことは、実はどの業種でも応用できます。

なぜなら、人が何か物を買ったり、サービスを受けたりするときには、**「根本的な**

悩みを解決したい」という目標があるからです。

ですから、初めてのお客さまとはたくさん会話をしたほうがいいし、インサイトを引き出すことをあなた自身の目標にすると、効率良くお客さまの真の要望を見いだすことができるでしょう。

そして、困ったら、「ボンディング・アチーブメント」の3つの質問をしてみてください。**必ず大事な言葉をキャッチできるはずです。**

「ワークライフバランスに沿わない」要望は却下する

自分の商品やサービスがお客さまの日常生活の一部になる喜び

お店にとっては、自分たちの商品、サービスがお客さまの生活の一部になるのが理想です。

仕事とプライベートのバランスをワークライフバランスと呼びますが、ライフのなかに自分の商品が入り込むわけです。もちろん、その商品は毎日買うものなのか、週に1回買うものなのか、はたまた月に1回、3カ月に1回買うものなのか、商品やサービスによってリピートの頻度は違います。

いずれにせよ、そのときが来れば思い出していただき、購入していただかなくてはなりません。

皆さんにも、毎日の仕事の他に、週2回の趣味の時間、週1回の整体などボディメンテナンスの予約、月1回の勉強会や美容院など、カレンダーに組み込まれている決まった予定があるでしょう。

知り合いのなかには、「平日は毎日、会社帰りに美容院に行き、シャンプー&ブロウをしてもらう」と言う人もいます。これはもちろん極端な例でしょう。ですが、その人にとっては、仕事で疲れた状態でまっすぐ家に帰るより、人の手を借りてリフレッシュすることで、どんなに忙しくても子どもと笑顔で接し、家事もがんばれるのです。私たちの商品、サービスがそんな存在になれたら最高です。

私の仕事で言うと、たとえば、短期間で大幅なダイエットを達成したい目標があり、パーソナルトレーニングの結果を最速で出したいのであれば、スタジオに毎日来ていただくこともやぶさかではありません。仮に毎日来ていただければ、よりパーソナルなメニューを指導できるので、やせるだけでなく、体調の管理も万全になり、非常に健康的な日々を送れるようになります。

お客さまのライフワークバランスを崩してはいけない

ただし、高額な費用がかかるのはやむを得ません。

たとえば、1時間6000円のセッションを毎日休みなく受けたとしたら、1カ月（30日間）で18万円かかります。一般的な収入の方で、「目的のためだから」と無理して通い続ければ、ワークライフバランスは完全に崩れてしまいます。

先ほどの「毎日美容院に行く」方も、シャンプー&ブロウの料金が1回3000円ではなく1万円の高級サロンだとしたら、気持ちはどんなに楽になっても経済が追いつきません。

では、どうすればいいのでしょう。

ここで言いたいのは、**「肝心なのは、今、売り切ることではなく、末永く商品、サービスを継続してもらうためにはどうするか」**ということです。

たとえば、学生のお客さまが「やせるために週5日トレーニングに来たい。カードで払います」と来られても、うちのジムでは、金銭的な生活バランスが崩れるようなご要望は一切お断りしています。なぜなら、そのお客さまが不幸になるのが目に見えているからです。

過剰なサービスの申し込みは、自分たちの売上にはなりますが、カード破産にもつながりかねません。相手のことを本当に考えるなら、むしろ止めるべきなのです。

無理が生じるお客さまにやめさせる提言は、逆に信頼をつくる

これと同様に、転職するためのスキルを身につけるビジネススクールであれば、睡眠時間を削って健康を害してまでやろうとする人がいたら、止めさせたほうがそのお客さまのためです。過剰な努力や過剰な金銭投資、時間投資を止めさせることも、スモールビジネスオーナーのやるべきことだと考えます。

たとえお店の売上が上がっても、本当の幸せを願って、「それはやめたほうがいい

はずです。

ですよ」と諭すほうが、信頼関係が結ばれて、生涯続くエンゲージメントが築かれる

今の世の中、「今だけ良ければいい」「自分だけ良ければいい」「お金さえあればいい」と、お客さまの意向ありきで売り切ってしまう人のほうが多いのです。

しかし、お金に限らず、お客さまをがんばらせすぎて、その方が倒れてしまったり、家庭をないがしろにしてしまったりしたら、そもそもリピートし続けることなどできません。

お客さまのウェルビーイングを考え、要望を止めることもまた、ボンディング接客術の大事な柱です。

目的達成の寸前に「次の夢」を語らせなさい

予約の無限リピートを実現する秘策──感動の創出

先ほど、お客さま自身が気づいていないインサイトを引き出す質問力の重要性についてお話ししましたが、1つの目標を達成したあとの「次の夢」もまた、気づいていない可能性があります。

その気づきを与え、**お客さまとともに新たな夢を見つけて、次のアクションにつなげていく**ことが末永いお付き合いのためには大切です。これからお伝えするボンディング接客術の最後のステップ**「感動の創出」**によって、定期的に感動をつくり出し、予約の無限リピートが可能になります。

たとえば、20キロのダイエットをして、やせていたときに着ていたお気に入りのワンピースを再び着ることがお客さまの最初の夢だとします。昔の写真を目に付くところに貼って一生懸命トレーニングに励み、目標としていたワンピースに袖を通した瞬間、大きな感動に包まれるでしょう。

でも、それで満足してしまったらそこで終わりです。

大きな目標達成したあと、「がんばった自分へのご褒美」と、これまでがまんしたスイーツを食べ始めれば、以前の生活パターンに戻ってあっという間にリバウンドしてしまいます。せっかく味わった感動も遠い思い出になってしまうでしょう。おそらく、この方はしばらくしてまた違う方法を探し、ダイエットを始めることになります。そして、同じことを繰り返すうちにダイエット迷子になってしまいます。

大切なお客さまがそうならないために私たちがやるべきは、ボンディング接客術を使って、**次の夢に気づいてもらう**ことです。

ダイエットのあとに見つけた次の夢

実際に、お客さまの例でお話ししましょう。

Bさんには腰痛があり、10キロダイエットをしたいという目標も持っていました。そこでまず、腰の痛みをやわらげるストレッチを学んでいただきました。

腰痛をお持ちの方ならわかると思いますが、痛みで夜もぐっすり眠れなかった方が、朝まで熟睡できたとしたら、期待値を超える感動や喜びがあるのではないでしょうか。Bさんも「先生のおかげで確実に日々のストレスが減ってきました」とうれしそうでした。

そこで、「では、そろそろダイエットに本腰を入れていきましょうね」と提案。そのとき、「お食事の指導は必要ですか？ それともストレッチだけでやっていきますか？」と問いかけました。

その言葉をきっかけに、Bさんは頭のなかで、食事にも気を使いながらきれいにやせていく自分が想像できたのでしょう。その場で「食事もお願いします！」と答えられ、ご自身を奮い立たせました。

食事の質は内臓脂肪に直結します。そこから半年余りで体重が7キロ減り、洋服もサイズダウンしていったBさん。職場でも「やせてきれいになったね」と言われたそうで、「毎日、楽しくて仕方ない」と笑っていました。

目標まであと3キロ。そこで、「いい感じですね。ボディラインもずいぶん変わってきましたよ。次は何を目指しますか?」と、また問いかけてみました。

すると、Bさんから、「私、足首にくびれをつくりたいんです。ずっと寸胴足首で、アキレス腱を見たことがなくて」と、思いがけない願望を聞かせていただきました。

それを聞いて、私も「だったら次は美脚づくりですね。一緒にがんばりましょう!」と。今はその新しい夢に向かってともに歩いているところです。

次の目標を設定する、理想的なタイミング

ここでの重要なポイントは、**最初の夢が叶う直前に声をかける**ことです。

当たり前ですが、その商品、サービスを扱っている人は、お客さまの成果が本人より早くわかります。そこで、**お客さまが「ここがゴールだ」と思う一歩前のタイミングで声をかけ、次の目標を設定する**のです。

これがピアノのレッスンだとしたら、生徒さんは「この曲にはもう少し時間がかか

りそうだ」と思っていても、先生のほうは「テクニック的にはある程度、曲を弾きこなせている。もう次の曲に移っても良さそうだ」とわかります。それで、「この曲は今回で終わりにして、次にいきましょう！」と、新しい課題曲を与え、ステップアップさせます。

歯科クリニックなら、「今、治療している虫歯が治ったら、歯磨きのトレーニングをして、健康な歯を維持しましょうね」「その次はホワイトニングをされますか？」というように、治療内容をステップアップさせていくのと同じです。

「この先、さらに素敵な世界がある」ことを教える

ジムで汗を流している人も、音楽教室に通う人も、歯医者さんで治療中の人も、目の前の何かに集中していると、実はそれ以外のことが見えなくなっています。

それ以外とは、「その先」にあるもののことです。**「この先に、もっとすばらしい世界が待っていますよ」**と教えてあげるだけで、人はチャレンジしたい気持ちや探求心、さらには伴走する人への信頼度が向上していきます。

その反対で、人間は目標を完全に達成してしまうと気持ちが冷め、いったん腰を落ちつけてしまうものです。

まだ達成に至っていないからこその、**気持ちが熱いうちに次の目標を示してあげる**のは、お客さまの興味、ワクワク感を絶やさないという意味でも非常に有効な接客スキルです。

お客さまには一人ひとりの人生があり、さまざまな悩み、分岐点がありますが、長いお付き合いをしたいと考えるなら、そのお客さまの出した成果をしっかりと評価し、その**次の目標に誘導してモチベーションを維持していく**ことを忘れてはいけません。

たとえあなたがどんな業種だとしても、お客さまの次の幸せポイントを提案することはできるはずです。

リバウンドする「劇薬」より「10年後の幸せ」を売る

未来の幸せを語る責任

この章の最後に、10年後もリピート顧客でいてもらうために、「お客さまの視座を変える」重要性についてお話ししたいと思います。

先述したように、お客さまは何かに集中していると、目の前のことしか見えなくなっています。そこで、目的をいかに早く、効率的に達成するかを考え、商品やサービスを探します。フィットネス業界では「2カ月集中ダイエットコース」などがありますが、そういうものについ飛びついてしまいがちです。

しかし、それがとんでもない劇薬になる場合があります。なぜなら、約束の2カ月が過ぎると、その商品の効力もなくなってしまうからです。一時的にダイエットが成功したとしても、継続的な目標がなければ、すぐにリバウンドしてしまいます。人によってはダイエット前より体重が増える場合すらあります。

私自身、ボディビルの大会に出場するため、6カ月で19キロ落とした経験がありました。幸い優勝することはできましたが、大会終了後の目標がなく、翌日にはラーメン屋さんを2軒はしごするなどして、わずか1カ月後に体重は逆戻り。かえって不健康な身体になってしまったのです。

自分のお客さまにはそのような思いをさせたくないと、現在のダイエット指導では、日常生活を少しずつ変え、10年先もきれいでいられる方法をお伝えしています。

もちろん、「2カ月集中ダイエットコース」が悪いのではありません。そのお客さまは、2カ月後にやせている必要があり、そのコースを選んだのです。

ただし、**売る側のわれわれは、2カ月先の一瞬のきれいさより、10年先の未来の幸せを語る責任**があります。

つまり、お客さまが今、買おうしている商品に限定せず、「お客さまの未来の美しさに貢献する」という意志を持って、その方が見ている視点を変えるのです。

10年後の幸せをプロ目線で語る

私自身は、「10年先のお客さまの美に責任を持つ代わりに、その10年間分のセッションフィーを割賦払いでいただいている」という心構えでお客さまと接しています。

その思いが相手に届けば、われわれは短期間のお付き合いでは終わらず、10年後もその方にとってなくてはならないパートナーであり続けられます。

「毎週ここに通った先に、自分の幸せがある」とその方が本当に信じられたなら、最初の接点は「2カ月集中ダイエットコース」であったとしても、2カ月後に〝やめる〟という選択肢はなくなり、トレーニングを続けていただけるはずです。

私が20代のときに出会い、20年近く私の下に通ってくださる方も、最初は「短期間でスタイルを良くしたい」というご要望でした。しかし、今は「スタイルをキープしながら健康で動ける身体をつくっていく」という目標に変わり、長くトレーニングを続けられています。継続は力なりと言いますが、50代を迎えたそのお客さまは今も本当に若々しい。「トレーニングを継続していると、これほど身体は年を取らないんだな」と、その方から教わっています。

反対に、劇薬になるパターンとは、売り切って終わってしまい、その後、誰もその方に介入していない状態を指します。

たとえば、あなたがディーラーから車を買ったとしたら、法定車検の他にも、車の健康を維持し続けるために定期的な点検のお知らせがくると思います。

ところが、車の代金を支払って、それきり担当者から連絡が来なかったらどうでしょう。必要なメンテナンスを怠ったせいでいきなり故障し、思わぬ費用がかかることもあります。そのとき、あなたは「なぜもっと早く、連絡をくれなかったんだ」と思うかもしれません。

また、海外出張のために英会話の3カ月集中コースを受けたものの、その後、継続を勧められることもなく、レッスンを辞めてしまえば、生きた英語なんてすぐに忘れてしまいます。

興味を持ってお金を出したサービスに対して、何も身につかないことほど虚しくなるものはありません。そのときスタッフが、「この先10年続けたら、思いもよらない幸せが待っていますよ」と声をかけていたら、あなたは世界中の人と英語を話せる人生を送っていたかもしれません。

あなたの仕事に照らし合わせ、**「10年後、こんな幸せが待っています」**と、**プロの目線で語ってあげる**ことによって、その方の未来を明るくします。それを、ボンディング接客術を使って実践していきましょう。

次の章は、人生の相談相手として信用されるプログラムの提供についてお伝えしていきます。

第5章

「スタッフ」から「人生の相談相手」になる方法

売っているのは、商品ではなく、あなた自身

「売っている人も商品の一部」の時代

小売店に対するGoogleマップの口コミで、「星1（最も低評価）」がつけられた評価のうち、2つに1つが「接客」への不満だと言われています（出典：口コミラボ「小売店口コミ調査」2021年 https://lab.kutikomi.com/news/review/kutikomi/retailonestarreview/）。

接客が気に入らないと、消費者は容赦なく「星1」という評価をつけ、ネットで公開処刑を行ないます。

現在、多くのものやサービスがコモディティ化し、何を選んでも高品質・低価格でそれなりに満足できるものばかりです。しかも、ネットではワンクリックで購入する

ことができます。

「人が介入するシステム」で商品やサービスを買うのであれば、せめて感じの良い販売員や営業マンから買いたいのが顧客の心理です。

今の時代、商品やサービスが単体で存在するのではなく、それを売っている人も、売り物の一部と考えるべきなのです。

「自分を商品化する」3つのポイント

ここで、「自分」を商品化して、お客さまの心をつかむために、私が取り組んでいることを3つ紹介します。

1つ目は、**自分自身がその商品・サービスの利用者でいる**ことです。

お客さまの悩みに寄り添うには、自分自身も1人のお客さまでなければなりません。常にお客さまより一歩先にその商品・サービスで悩みを解決できた人として、経験者によるアドバイスをさせていただくのです。

2つ目は、**サービス提供側も、お客さまに悩みを相談する**ことです。

私はよく「こういうメニューを取り入れようと思うのですが、どう思いますか？」と、お客さまに相談することがあります。

また、コロナ禍で集客が減ったときは、正直に「この先、経営が心配です……」と打ち明けました。相手を信頼し、こちらの弱みを見せることで、かわいがってもらえて、長くご愛顧いただけるのです。

3つ目は、**お客さまが離れていくときに、嫌われる勇気を持って引き留める**ことです。

以前、60代の男性のお客さまに、「老後にお金がかかるから、ジムを辞めようと思う」と言われたことがありました。ですが、その方の健康を考えると、ジムを辞めるのがいい選択だとは思えませんでした。

私は、その方に正直に伝えました。

「今の肉体年齢を維持するためには、定期的なトレーニングが必要です。トレーニングを辞めたほうが、不健康になって、逆に将来、お金がかかってしまうかもしれませんよ」

その結果、ご利用を継続していただくことになりました。

時には営業トークだと思われるのを覚悟して、続けるメリット、辞めるデメリットを強く主張することも大事だと考えています。

経営の神様・松下幸之助さんの名言に、
「誠実に謙虚に、そして熱心にやることである」
というものがあります。

私が何か特別なことをして、自分を商品化しているのではありません。人生の伴走者として実直に商売をすれば、「あなた」というすばらしい一点ものの商品がおのずとできあがるのです。

次の項目では、私の3つの取り組みについて、もう少し解説していきます。

どんな商品も「悩みを解決するため」に存在する

相手の心を開くボタンはどこにある？

繰り返しお話しししているように、世の中にある商品、サービスはすべて、消費者の悩みを解決するためにあると言っても過言ではありません。だからこそ、人は高いお金を出してでもそれを購入し、悩みから解放されて心を満たそうとするのです。

そうなると、相手に本音で話してもらい、本当の悩みを聞き出すことが大事です。

しかし、悩みのなかには、人に話しづらいこともあるでしょう。トレーニングでいえば、過去にダイエットを10回以上失敗しているとか、実は職場の人間関係で悩んでおり、身体を動かすことでストレスをなくしたいと思っている、とか。

心の奥底にしまっておきたいような隠れた悩みになると、こちらもどう聞いていいかわかりません。

いきなりプライベートに立ち入れば嫌われてしまうでしょうし、距離を取りすぎても、感情の温度が伝わらない。相手が心を開き、自然に話したくなるボタンを押すために、私たちはどうすればいいのでしょうか。

相手の心のボタンを押すための2つの秘策

そこで皆さんにやってみてほしいボンディング接客術が2つあります。

1つは、**個人的な打ち明け話をしながら、相手との共通項を探す**ことです。

たとえば、私のクライアントにシステムエンジニアのお仕事をされている方がいます。うちのジムに通われて日が浅く、まだ本心を打ち明けてもらっていませんでした。ところがある日、ジムの予約システムについて、自分の愚痴をお聞かせしてしまったのです。「今、システムの変更をしているんですが、なかなか大変です。なぜって、僕がまったくパソコン音痴だからなんです……」。

すると、「私のお客さままでもそういう方が多いので、わかります（笑）！」と共感してくれて、そこから砕けた話ができる関係になりました。

こちらからぶっちゃけトークをしたことで、相手も話しやすくなったのか、「これまで人には話せなかったんですが……」と、自分の身体の悩みを打ち明けてくれるようになったのです。今では、「〇〇さんは、僕にとってパソコンの先生ですが、この時間は僕がボディメンテナンスの先生ですからね！」と言って笑い合いながらセッションに入っていけます。

このように、ちょっと恥ずかしいカミングアウトなどから始まり、相手も悩みを話してくれたら、そこに共感して、より深い質問をしていくという実践パターンはありだと思います。

この方の場合は、実際に悩みに沿ったセッションをしたことで、身体がどんどん変化し、悩みが解消されていきました。つまり、相手を幸せにできたわけです。これが、**「商品が相手に届いた」**状態だと私は考えます。

なぜ帰り際の雑談が大事なのか？

もう1つのボンディング接客術は、**アフターフォローを徹底する**ことです。

よく洋服を買うと、「お出口までお見送りします」と言って、販売スタッフさんがショッパーを持って後ろをついてきますよね。あるいは、ガソリンスタンドに入ると、帰りに車道まで誘導してくれ、帽子を取ってお辞儀をしてくれる。レストランでもそうでしょう。シェフが店の外まで出てきてくれ、「またお越しくださいね」なんて頭を下げられると、こちらも「また来ます」と言いたくなり、振り返って笑顔で手を振っています。お客さまとしてそんな経験を皆さんもしていると思います。

会計が終わったら、その場で「ありがとうございました。はい、さようなら」ではなく、**自分ができるギリギリの範囲まで寄り添う**ことは、とても大事な顧客サービスです。

それをするかしないかだけでも、**リピート率が顕著に変わってきます。**

ただし、相手の悩みを聞き出すためには、**打ち解けるための会話**が必要です。そのわずかな時間を利用して、**できるだけ雑談をする**のです。

たとえば、体験レッスンが終わって、「今日はいかがでしたか？」「このあとどこかに行かれるんですか？」と声をかけ、フリートークをすることが次に続く一歩になります。相手はトレーニングが終わり、ホッとして素に戻った状態です。その瞬間を逃さず、こちらも先生としてではなく、**人対人でつながろうと話しかける**。すると、先生と生徒という関係性を超え、心を開いてくれるようになります。

あるご高齢の女性のお客さまもそうでした。

最初の来店理由は「運動不足の解消」でしたが、アフターフォローを徹底するうちに、「実は左右の足の長さが違い、歩き方にクセがある」という悩みを話してくれたのです。整形外科や整骨院に行っても悩みは解消せず、うちのジムに来たということでした。

その方にとって、コンプレックスを打ち明けることは、本当に勇気がいったと思います。ですが、それがわかったことで、こちらもベストな対処がしやすくなり、歩き方が自然になるなど、現在はコンディションのいい状態が続いています。

その方曰く、「お医者さんでなくても、自分で良くできることはあるんですね！」と。その表情はとても誇らしげに見えました。

お客さまが来店されるたびに雑談の続きができるようになれば、深掘りのチャンスです。

「この人になら悩みを話せそうだ」
「この人だから話したい」
と思わせるぐらい相手に寄り添ってみると、少し時間はかかっても本音を聞かせてもらえ、相手にとって本当に喜ばれる商品を届けられるはずです。

売り手が世界一の愛用者であるべきたった1つの理由

知識を知恵に変える方法

あなたが今以上に「お店で扱っている商品の良さを知ってほしい」「知ってもらうことで、もっとリピーターを増やしたい」と考えているなら、**自分自身でその商品を徹底的に使ってみることが大切**です。

あなた自身が「世界一の愛用者」になるのです。

なぜなら、自分自身が継続的に使い続けることによって、本当の意味で、初めてその商品を理解することができるからです。これにより、お客さまにその商品の良さ、本質が伝わりやすくなります。

表面上のメリットならば、誰でもすぐに体感できます。しかし、世界一の愛用者になることで、**自分だけが知るベネフィット、あるいはデメリット（注意すべき点）も身をもって経験することができる**のです。

私が尊敬するアーユルベーダの先生が**「知識は、経験を通せば知恵になる」**とおっしゃっていましたが、知識をどれだけ持っていても、役に立たなければ意味がありません。

大事なのは、知識を生かすことであり、それは経験によって初めて知恵（能力）として身につくのです。知恵があれば実践力、応用力も発揮でき、お客さまに何を求められても満足させることができるでしょう。

行列ができる人気のパスタ屋さんで言えば、オーナー自身がさまざまな地域のおいしいパスタを食べ歩き、努力を惜しまず、パスタを研究し尽くした経験があるからこそ、おいしいパスタをお客さまに届けることができるのです。

これはどの商品、商売にも共通することでしょう。

お客さま目線で見えてくる、新たな気づき

私の場合は、ヨガスタジオのオーナーという肩書があり、ヨガの指導者でもありますが、平日はどんなに忙しくても車で1時間半かけて師のスタジオに通い、朝7時からアシュタンガヨガのクラスを受け続けています。**自分が学ぶことなくして教えることはできません。**私には「いい先生ほどいい生徒であれ」という持論があり、普段は人に教えている私が叱られる場所、原点に戻れる場所として大切にしています。

そんな生活のなかで最近気づいたのは、**指導される側の気持ち**です。

トレーニング中は集中しているので、脳が扱える情報量は限られてきます。私自身も、集中しすぎて、師が「右足」と言っているのに「左足」を出してしまうことがあります。集中しているときにたくさんの情報を詰め込まれても、脳がキャパオーバー状態になり、処理できなくなるのです。

指導者である私ですらそうなのですから、私のヨガスタジオにくる生徒さんはもっと大変でしょう。真剣にやればやるほどタスク処理ができないと考え、より簡潔に指

導する必要があるとわかりました。そのことを指導者研修でも伝えています。

また、自分が日々身体を動かし続けていることで、「あのクライアントさんは、こうすればもっと良くなる！」というひらめきがパッと浮かんでくることがあります。

一人ひとりの身体のクセや特徴に合わせて、指導する言葉、説明の仕方もどんどん変えていきます。時には、自分が師から言われて励みになった言葉を、同じように生徒さんにかけていることもあります。

「世界一の愛用者になる」とは、つまり、**技術や教えを体得し、自分のものとして生かすことができる**ということです。お客さまの未来の幸せのために、遠慮なく、惜しみなく、どんどん使っていくべきだと私は思います。

自己開示すると「特別な関係」が始まる

本音を聞き出すのが難しいお客さまへの対策法

さて、どんなアプローチをしても、お客さまが本当の要望を話してくれない、なかなか本音が聞き出せないと、「この方は、そもそも話す気がないんだ」などと、お客さまのせいにしてしまいがちです。

しかし、実はコミュニケーションの方法を変えるだけで、簡単に聞き出せる方法があります。

それが、**自己開示**です。自己開示とは心理学用語で、「自分自身の内面やプライベートな情報を、正直に話す」こと。そうすることによって相手の警戒心を和らげる効果があります。

なぜなら、人には誰しも、**「プライベートなことは信頼する相手にしか話さない」**という感覚があるからです。その情報を耳にした人がまわりに言いふらしたり、悪用したりする可能性もあり、話すことにはリスクが伴います。

そんな**大事な情報を伝える**ことで、「私はあなたを信頼しています」という気持ちが届くと、相手との距離を縮めることができるのです。

たとえば、パーソナルトレーニングでは初回の体験時に「きっと入会を勧められるだろう」と、警戒心を持って来店されます。警戒心とは、自分にふりかかる危険を回避しようとする本能なので、こちらからの質問ばかりになってしまえば、相手の心はオープンにならないまま。初めて会った人に悩みを打ち明けることなど、ハードルが高すぎると言えるでしょう。

そんなときは、**相手に質問するより先に、ありのままの自分を伝えてみてください。**

ここでのポイントは、**なるべくネガティブな情報を開示する**ことです。すると、相手も心を開きやすくなります。

たとえば、「僕は高校まで帰宅部でしたので、運動が苦手な方の気持ちがわかります」と言ったとしたら、お客さまの心理的な安全性が高まります。言うなれば、**「感じていた壁が取っ払われる」状態になる**わけです。すると、お客さまが話しやすい環境が生まれます。

お客さまの心の扉が閉じてしまう禁止事項

反対に、**やってはいけないのは自己呈示**です。

体験レッスンに来た方に、「自分はボディメイクの大会出場を目指してトレーニングをしています」と言ったところで、自慢にしか聞こえず、かえって相手に不快感を与えてしまいます。「自分を良く見せようと振る舞うことは、結果的に自分の印象を悪くしてしまう」ということを忘れてはいけません。

ただし、お客さまも緊張していますが、接客をするわれわれも緊張しているのが現実です。そこで、**最初は小さな悩みや失敗、コンプレックスを話す**ことをおすすめします。

「初めまして、〇〇と申します。けっこう珍しい名前だと言われます。字画も多くて、小さい頃は名前を書くのもひと苦労でした」

「急に気温が上がって、着るものに困っちゃいますよね？　今日は厚着をしすぎて失敗してしまいました」

などのようなところから始めていくと、いい自己開示の練習になるでしょう。

それだけでなく、相手もその小さな悩みに対して何かしら返してくれるでしょう。

その理由は、脳科学的に、自分のコンプレックスを相手と共有することによって、相手にも共通の体験として記憶が残るからです。「この人にもそんな失敗、悩みがあったんだ！」と感じると、急に親しみが湧き、自分の悩みも伝えたくなるものです。

この**「共通体験」が、相手との距離をきっと縮めてくれる**はずです。

自己開示から生まれる3つのメリット

お客さまに会うたびに、そんな小さな相談を恐れずにしてみてください。その結果、次の3つのメリットが生まれます。

①短時間で相手の気持ちをほぐせる（相手の心が開きやすくなる）。
②相手からの自己開示も引き出せる（お互いの情報交換ができる）。
③親密度が上がる（お互いの距離が近くなる）。

つまり、あなたと顧客との間に特別な関係（＝ボンディング）が生まれるのです。

お客さまからの「相談ごと」は、「追い風」のサイン

もしお客さまから相談されたら……

さまざまなボンディング接客術を行なった末に、お客さまから悩みごとを相談されたとしたら、あなたやお店が本当に必要であると思い始めているサインです。

相談を受けたら、まずはあなたの扱っている商品やサービスのなかから、その方の悩みを解消できるものはすべて提供し、幸せを届けましょう。ただし、残念ながら該当するものがない場合は、そのことを正直に伝えましょう。

ポイントは、**お客さまの悩みに真摯《しんし》に対応する**ことです。決して「目的が悩みの解消からの売上」にならないようにしてください。

なぜなら、まだ軌道に乗っていないスモールビジネスの場合、売れさえすればいいと、親切な仮面をかぶって、お客さまの悩みを食い物にしてしまう経営者が多数存在するからです。

また、経営が苦しいときに売上にならない相談が寄せられても、「時間がもったいない」と関心を向けずに、困っているお客さまを見放してしまう経営者がいるのも事実です。

しかし、それは違います。

たとえ1円の売上にならなくても、**苦しいときこそ相手のためにベストを尽くす**ことで、本当にお客さまが困ったとき、とっさに顔が浮かぶ存在になれるのです。

ある保険セールスレディに学ぶ、信頼関係のつくり方

これは、ある保険のセールスレディさん（個人事業主）から聞いた話です。

その方は、長年「花一輪活動」を行なっており、自分の担当地域の法人を週に一度訪問しては花一輪に手描きのメッセージやイラストを付けて届けていたそうです。

しかし、それだけで保険の契約はまとまりません。とある企業では顔なじみの社員さんも増え、受付で少しの間雑談をしたり、社長さんから「いつもありがとう」と声をかけられたりするようになったものの、一向に契約は取れませんでした。時には保険と直接関係のない相談を受け、その日のうちに迅速に対応することもありましたが、「助かった。ありがとう」と言われるだけの日々が続いたそうです（そのなかには、「婚活中なので、いい人を紹介して」という超個人的な依頼もあったそうです！）。

ところがある日、雑談の延長で、「会社の福利厚生を充実させたい」「社員の健康を会社として守りたい」という悩みを社長から聞かせてもらったそうです。

そこで企業ニーズにピタッとはまる保険商品を提案したところ、二つ返事で契約が決まったと言います。そのとき、通い始めてから実に5年の月日が経っていたというから驚きます。

「契約には直結しなくても、長い間信頼関係を築いてきたからこそ、いざというとき頼っていただけた」とその方は言っていました。今では法人契約だけでなく、社長をはじめ役員の個人契約まで任されるようになったそうです。

その方のおっしゃるとおり、たとえ自分の利にはならなくても、そのときできる精一杯のことを相手にして差し上げることを真摯に続けていけば、必ず心に残る存在になります。そして、信頼関係のなかで大切な悩みを打ち明けてくれる相談相手になることができるのです。

見込み客から本業以外の悩み相談がきたときは、ぜひ親身になってその相談に乗ってあげてください。その後きっと、あなたにしか解決できない、あなただからこそ解決できる相談ごとが舞い込んでくるはずです。

お客さまの「人生の一部」になれていますか？

3年以上の付き合いは、知識も経験も超える

私には、「出会った人の人生を美しくする」という理念があります。

1人のお客さまと少なくとも3年以上お付き合いし、責任を持ってその方を見続けることで、正しく商品を届けられ（その方を美しくでき）、トレーナーとしても一人前になれると思っています。また、そのように後進の指導をしています。言うなれば「石の上にも三年」です。

その覚悟があれば、実は知識も経験も必要ありません。逆説的な言い方になりますが、1人のお客さまを3年間、真剣に見ることで、おのずと自分に足りないところも

見えてきて、知識を蓄えよう、経験を積もうと歩み始めるからです。覚悟を持って人にかかわるとは、そういうことです。

そしてまた、覚悟を持って人にかかわるというのは、すなわちその方の人生に介入していくことを意味します。その結果、自分がその方の人生の一部になっていくのです。もちろん、その方も私の人生の一部になります。これは、どの職業でも同じことが言えるでしょう。

お客さまの人生に必要な存在たれ

私のトレーナー人生のなかでも、特に思い出深いお客さまがいます。

Cさんは20年来のお付き合いがあるお客さまで、あるとき脊髄《せきずい》に菌が入り、緊急入院されることになりました。入院先から連絡をもらったときはびっくりしましたが、「しばらくはスタジオに行けないけれど、退院したらまたよろしくね」と話され、「必ず戻ってきてくださいね。また少しずつトレーニングを再開しましょう」と約束しました。

退院後、Cさんは足を引きずりながらも約束どおり来てくださり、最初は仰向けの状態からのスタートでしたが、1カ月後にはほぼ後遺症もなくなり、普通に日常生活を過ごせるまでに回復しました。

私が「同じ病気になったとしても、まったく運動していない人ならこんなに早く効果は出ませんでしたよ」とお伝えすると、Cさんも「本当にそうですね。ずっと運動を続けてきて良かった」と。

実はその少し前、「トレーニングもそろそろいいかな」とおっしゃった時期がありました。でも、「今後は、いかに長く健康でいられるかに目標をシフトして、生活習慣も見直していきませんか？」と提案したところ、継続を選んでくれました。思いがけなく病気になったことによる怪我の功名かもしれませんが、「やっぱり私の人生からトレーニングは外せないわね。この先も面倒をみてくださいね」とおっしゃった言葉は本心だったと思います。

何より、緊急入院先から真っ先に電話をもらったとき、「この人の人生にとって、僕は本当に必要な存在なんだ！」と実感できて、とても励みになったことを思い出します。

「やっぱり、この仕事っていいな」と心から思えたこと

結婚という人生の転機もあります。

D子さんは20歳から約3年間、私のもとに通われました。最初は「ダイエットが目的」ということでしたが、その後、結婚が決まり、「結婚式までに今の65キロから20キロ落としたい」という目標に変わりました。

そのときは、D子さんのお母さんも巻き込んで、ダイエットに協力してもらいました。トレーニングと並行して実家での食事管理を徹底すれば、運動だけのダイエットよりずっと短期間で目標に近づくことができます。私自身も若かったので、技術も乏しかったのですが、とにかく結婚式までに目標を達成してD子さんを感動させたい一心で、サポートし続けました。

その甲斐《かい》あって、約1年で念願の45キロまで体重が落ちたD子さん。私まで結婚式に呼んでいただき、美しいウェディングドレスに身を包み、幸せそうな笑顔を浮かべ

た様を見せてもらって、本当にうれしかったです。

式が始まると、ご主人がマイクを持ち、「今日のD子を見てください！　とてもきれいでしょう。その理由は、あそこにいらっしゃる日野原先生のパーソナルトレーニングを受けたからです！」と言って、いきなりスポットライトを当てられ、スピーチを求められたときは、何も聞かされていなかっただけに頭が真っ白になりました（笑）。

でも、D子さんの人生の晴れ舞台を輝かせることができて、トレーナー人生のなかでも特にうれしいできごとでしたし、私自身も感動をいただきました。「トレーナーという仕事っていいいな」と心から思えた瞬間でした。

ゆるぎない信頼関係とは何か？

このように、目の前のお客さまを大事に思い、一人ひとりのお客さまに熱い気持ちを持って接すればこそ、その方の人生に彩りをもたらすことができ、自分自身もまた、この仕事をしていることに大きな誇りと幸せを感じることができるのです。

もちろん、お客さまと悩みや苦しみを共有し、要望にコミットするためには覚悟が必須であり、自分の人生をかける必要があります。

しかし、それがお客さまの人生を少しでも向上させることに役立ったなら、喜びを分かち合い、ゆるぎない信頼関係が築けるはずです。

あなたにもぜひこの感動を味わっていただきたいと思っています。

第6章

「お客さま」扱いすると「お客さま」が来なくなる理由

——接客の落とし穴

お客さまを「神様」扱いすると「モンスター」が増える

「お客さまの言いなりになれ」ではない

あらためて言うまでもなく、お店は、顧客満足度を上げてリピート顧客を増やし、継続的な売上をつくることで存続していきます。

そのためには、

◎商品のメリット、デメリットを体験して理解し、お客さまに伝える。

◎お客さまのニーズ（何に困っているのか、本当に欲しいものは何か、どう接してほしいのか）を理解する。

◎この2つを踏まえ、お客さまへの最適な提案をする。

という3つの取り組みがとても大切です。

つまり、お客さまを主役として、お店の商品、サービスを通して悩みを解消していただき、笑顔と幸せをお届けすることが販売者の使命です。

ただし、お客さまは神様ではありません。たとえ小さなお店でもルールがあり、それを無視して「お客さまの言いなりになれ」ということではないのです。

「お客さまは神様です」というフレーズを日本全国に浸透させた歌手・三波春夫さんも、「この言葉は自分の意図とは違う意味で解釈されている」と言っており、ホームページで次のように書いています。

「歌うときに私は、あたかも神前で祈るときのように、雑念を払ってまっさらな、澄み切った心にならなければ完璧な芸をお見せすることはできないと思っております。ですから、お客さまを神様とみて、歌を唄うのです」

ところが、このフレーズが真意と離れ、たとえば買い物客が「お金を払うのはこっちなんだから、もっとていねいにしなさいよ。お客様は神様でしょ？」といった具合に、クレーマーの格好の言い訳になっているというのです。（出典：三波春夫オフィシャルサイト「お客様は神様です」について　https://www.minamiharuo.jp/profile/index2.html）。

ルールを破る人は、お客さまではない

これを読んだあなたは、「そんなことは知っているよ」と思うかもしれません。ところが、「お客さまは神様」の言葉に縛られ、苦しんでいるお店があるのも事実です。

私のスポーツジムでも、以前こんなことがありました。

ヨガの体験レッスンで来店された方が当店を気に入り、「月謝会員になって毎週決まった枠に来たい」と言われました。しかし、そのためには当店のルールでクレジットカード情報が必要になります。ところが、「カード情報は教えたくない」とおっしゃる。「でしたら、すみません、1回1回、予約を取ってのご利用をお願いします」と伝えたところ、突然、「この店はどうなってるんだ！　客に向かってなんて態度だ

よ、今すぐオーナーを出せ！」と大声で暴言を吐き始めたのです。

その豹変《ひょうへん》ぶりに、スタッフはおろおろするばかり。まわりにいたお客さまもびっくりして眉をひそめています。私はたまたま不在にしており、「あとで必ずオーナーからご連絡させます」と言ってその場は引き取ってもらったということでした。

その話を聞いて、初めはどうしたものかと悩みました。大手企業とは違い、スモールビジネスは地域に根付いて商売をしています。たった1人のネガティブなSNSの発信、誹謗《ひぼう》中傷がお店の命取りになりかねません。私の対応によっては、最悪の事態に陥るのではないかという恐れがありました。

しかし、お客さまだからといって好き勝手をしていい理由はありませんし、ルールを守れない方は、お店にとってはお客さまでもありません。何より、大事なスタッフを傷つけ、これまで通い続けてくださったリピート顧客に不快感を与えるわけにはいきません。

私は、「先ほどはご不快な思いをさせてしまい、申し訳ありませんでした」と電話口でまずは謝り、相手が感情的にならないよう言葉を選びながらも、個別のルール変更には対応しかねることをていねいに、時間をかけて話しました。すると、しばらくして相手のほうから「もういいよ」と。幸いにも、そのクレームが長期化することはありませんでした。

スタッフと大切なお客さまを守るために

もちろん、お店をもっと良くするためにお客さまからいただくご意見はしっかり聞き、改善できるところは改善しなくてはいけませんが、意見とクレームはまったく異なります。

クレーマーはどんなお店にも来るものですが、オーナー自身の判断でお客さまとして受け入れてしまい、結果的に営業を妨害されたり、従業員が精神的に追い詰められたりしたら、それこそ経営者として失格です。

そもそも**お店というのは、こちらがお客さまと真摯に向き合い、お客さまもまた、店と真摯に向き合ってこそ、共存していけるもの**です。

売上も大事ですが、そうしたお客さまのことを思い、理不尽な要求をする人が来店した際は、毅然とした態度で断ることが大切です。また、断るためのルール整備も必要です。

たとえば、「無断キャンセルは全額お支払い」など、予め提示しておくことで、論理的に反論することが可能になります。

それが必ず、お店を愛して通ってくださるお客さまを守ることにつながるはずです。

「広く浅くたくさん」集めるより、「狭く深く少なく」集める

スモールビジネスに合った市場規模がある

集客の基本は、最初にどのような客層をターゲットにするかを決めることです。

集客というと、「できるだけたくさんの人に知ってもらうことで、ビジネスチャンスを広げよう」と考えがちですが、小さいお店がそれをやってもうまくいきません。なぜなら、アプローチしやすい市場と、実際にお店の商品、サービスを必要としているアクティブな市場は根本的に違うからです。

特にスモールビジネスでは、初めてのお客さまをつなぎとめてリピート顧客を増やす「ストックビジネス」にしてこそ、安定した経営を目指すことができます。非効率

で時間を無駄にする集客は今すぐ止め、初めて会っても心が通じ合うようなターゲットを絞ることが不可欠です。

実際に、リピート顧客が絶えず訪れる店は、狙った客層にきちんと届くルートでお店の特徴・こだわりをアプローチしています。お店が欲しいターゲットとお客さまの目的の不一致をなくし、初回でマッチングがうまくいけば信頼関係が築きやすくなり、リピートされる確率が大きく向上します。

ターゲットに合った広告媒体、広告を出す時期を探る

たとえば、私の経営するピフティススタジオでは、30代、40代の女性にターゲットを絞っています。そのなかでも顧客分類し、

「きれいになって人生を素敵にしたい人」
「そのために自分に投資できるぐらいの経済力のある人」
「でも運動はあまり得意ではない人」

としました。

その客層を狙うなら、地域でポスティングをかけても意味はありません。

なぜなら、そういうバックボーンを持った30代、40代の女性の情報収集源はインターネットだからです。だったらインスタグラム広告を出したほうが効率的です。うちもインスタ広告しかやっていませんが、それで十分に集客できています。


ポイントは、広告を出す時期です。うちでは季節が変わるごとに集客のためのキャンペーンを行なっているので、そのタイミングに合わせて、「新生活、ピラティスで新しい自分になりませんか？　キャンペーン」「今なら夏に間に合う！　二の腕シェイプキャンペーン」といった具合でターゲットにアプローチしています。

ですが、同じ内容を年配の方に伝えるなら、家にチラシを入れるのが最も効果的です。おけいこ教室、フィットネスクラブ、不用品処分、着物やブランド品の買取りサービス、リサイクルショップなどもそうでしょう。また、家族割といった特典がある場合もポスティングが有効なルートであると思います。

要はターゲットを絞り、一極集中でその人たちが集まるところ、見るところを押さえて宣伝するわけです。劇場に芝居のチラシを置けば、舞台が好きな人に届くのと同じ考え方です。間違っても子どもの少ない地域に学習塾のチラシをまいてはいけません。

もちろん、初めて来たお客さまにはボンディング接客術を行なうことを忘れないでください。

お客さま主導になるコミュニケーションでニーズを聞き出しながら、最後に、「だったら、購入されたほうがいいですね」と、自信を持って提案するのです。

押しの一手をしっかり出すことが、クロージングのポイントです。

ちなみに、うちの場合は体験に来た8割以上の方がリピートされています。これはボンディング接客術の効果に他なりません。

ウェブサイトと紹介キャンペーンのポイント

お店のウェブサイトは集客のための重要なプラットフォームです。飲食店ならグループ客に来てほしいのか、少人数で来てゆっくりくつろいでほしいのか。美容サロンなら、男性に来てほしいのか、男性はやんわり拒否したいのか、それとも女性だけに来てほしいのかなど、訴えたいことを文字や写真、色合いなどを含めて研究してみてください。「よくある質問」を上手に活用するのもおすすめです。

お店によっては紹介キャンペーンを行なうところもありますが、集客に関しては、紹介が多くなれば必ずしもうまくいくとは限りません。

紹介された方がお店と相性がいいとは限らないからです。

また、紹介で来た方へのフォロー、紹介してくださった方への気遣いは、想像以上の労力を伴います。さらに優越感を持ったお客さまが、「私は太客なんだから、もっとサービスしてよね」といった態度になり、スタッフにも余計な負担がかかる場合があります。

それよりも、狙ったターゲットをしっかりつなぎとめ、そういう方々が長く通ってくれたほうが、お店にとっては接客も楽です。来店した時点で（需要と供給が）マッチングできているのですから、信頼関係を築きやすく、優良リピート客になってくれる可能性も高くなります。

見込み客を探しに行く「イベント出店」のポイント

その他、集客のために広告を出すのではなく、お店のほうから見込み客を探しに出かけていく、イベントへの出店もおすすめです。たとえば、毎週末に青山で開催されるマーケットには、こだわりのある手づくりの農作物や加工品（パン・ジャム・コーヒーなど）に興味があり、作り手と直接話しながら選びたいという人が多く集まります。そこに採れたてのオーガニック野菜や手づくり発酵食品を並べ、商品の魅力や手づくりの背景を伝えながら、思いの近いお客さまをたぐりよせることができます。

「一度にたくさんつくれるものではない、だからその良さが本当にわかる人に買ってもらいたい」というお店にとっては、イベント出店は情報発信方法の1つになると思います。

私自身は「下町ヨガフェスタ」というイベントを主催したことがあります。ヨガ業界の重鎮の先生方に来ていただき、私やスタッフも一緒に、デモンストレーションや体験レッスンをして、「ヨガに興味はあるけれどよくわからない」「スタジオに行く勇気がない」という人に直接、情報を広めたいと思ったのです。

やってみるとおもしろいもので、ヨガ業界でうちのスタジオの認知度が上がったのか、イベント後、ホームページの検索数が伸びました。

お店が提供できる商品、サービスと、それを本当に求めている人が出会うことで、最強のエンゲージメントが生まれます。

お客さまに「先生」と呼ばれると、生涯の関係性ができる

「先生」という言葉だけの独り歩きにご用心

スモールビジネスでも、「先生」と呼ばれる職業は意外に多いものです。内科・歯科・整形外科などのクリニック、整骨院、鍼灸院、動物病院、音楽教室・陶芸教室・料理教室といった習い事、学習塾、ゴルフのレッスンプロ、美容関連、デザイン関係、そして、私のようなヨガ講師、パーソナルトレーナーも「先生」と呼ばれます。

先生とは「先」に「生きる」と書きます。しかし、「先に生きる」とは、お客さまより上手にできる、知識がある、だから偉いということではありません。

大事なのは、お客さまよりもその商品、サービスに対してずっと真摯に向き合っているかということです。

トレーニングを教える場合、お客さまは必然的に生徒になりますが、本当の意味でこちらが先生になっているかどうかは別です。技術を提供している側は、そこを真剣に考える必要があります。

お客さまがわれわれのことを立場上、「先生」と呼んでくれることも多々あります。そこに甘んじてしまうと、実際には相手の悩みが解消されていないにもかかわらず、「先生」という言葉だけが独り歩きしてしまうことがあります。すると、どうなるかというと、生徒が1人、また1人、減っていきます。

私にも苦い経験があります。私の場合は「この方の行動を変えたい」という思いが強すぎて、自分が言ったとおり、教えたとおりにやってくれないと悔しくて、それをお客さまのせいにしていました。「あのお客さま、センスないよね」で片づけていたのです。

しかし実際は、自分の実力がないだけでした。今ならよくわかりますが、そのときの自分は、コミュニケーションの取り方もまだ稚拙で、相手に合わせて教え方を変えるバリエーションもなく、雑談力で相手の心をほぐすこともできませんでした。その結果、「この人はちょっと苦手だな」と思う方は、すぐに辞めていきました。

今はその逆で、苦手だなと思う方のほうが、ボンディング接客術を駆使して距離が近づいてくると、むしろ愛着が湧いてきます。また、そういう方のほうが長く続く傾向があるのですが、その当時は「もう来ないでください。うちはあなたが来なくても困っていないので」といった空気（オーラ）を出していたと思います。今、振り返れば、「先生」と呼ばれて、それが心地よかっただけなのだと思います。

先生としてやってはいけないこと

ここで、先生としてやってはいけないことをいくつか挙げてみます。

◎できないことを相手のせいにする。できないと怒る。

◎お客さまからの悩み・相談を軽く受け流す。

◎不機嫌そうな態度を取る（お客さまが自分の顔色を見てしまう）。
◎お客さまの変化を見過ごす。
◎お客さまにプレッシャーをかける。
◎「先生」と呼ばれて調子に乗り、自分のアップデートをしない。

皆さんにも思い当たることはないでしょうか。

たとえば、**「不機嫌そうな態度を取る」**に関して、つくり笑顔をする必要はありませんが、自分自身の心が常にニュートラルであることはとても大事です。

反対に、そうなれていないと、自分が相手を素直に見られないので、相手にもいい影響を及ぼさず、だから悩みが解消できない、ということが起こりえます。

そうならないために、私はスタッフに**「メタ認知しよう」**といつも言っています。

メタ認知とは、自分が認知していることを客観的に把握し、制御すること。「自分はセッションでこういう言葉がけをしたけれど、本当に良かったのかな?」というところまでは誰でも考えますが、もう1人の自分が俯瞰《ふかん》して、自分を冷静に（客観的に）

見ることで、その言動や行動を調整できるようになります。

また、**「お客さまからの悩み・相談を軽く受け流す」**と、商品のクオリティが下がり、あとで大きな問題になる可能性があります。

他にも、**「先生と呼ばれて調子に乗り、自分のアップデートをしない」**のは、現状で満足してしまっている証拠です。残念ながら、そういう先生は売れていきません。自分でも勉強するのは当たり前。先生としての賞味期限を延ばせるかどうかは、自分次第です。

逆を言えば、「先生」と呼ばれても自らを戒め、お客さまが心から「先生」と呼んでくれれば、確実に人がついて来るということです。そうすれば、お客さまに悩みが出てきたとき、一番にあなたに質問が来るような、そんな関係性がつくれるはずです。

「家でできること」を教えると、来店しなくなる

まず1回、断ったほうがいい理由

提供するサービスが習い事の場合、初めて来たお客さまから、「悩みを早く解消したいので、家でもできることはありませんか？」と聞かれることがあると思います。そんなとき、お客さまをつなぎとめたいという気持ちから、「こうするといいですよ」と教えてあげる人も多いでしょう。

しかしながら、まずは1回、断る勇気を持ってください。

なぜなら、**教えたことをお客さまが着実にやらなければ効果はなく、お客さまの悩みは解決しない**からです。それどころか、結果が出ないということは、つまり商品が

お客さまに届かないということです。お店はそこに責任を持つべきだというのが私の考えです。

特に、まだ信頼関係がないお客さまに対して、安易に「宿題」を出してはいけません。「宿題」といった付加価値をつけることは、一見メリットのようですが、お客さまの言いなりになって、効果が出ないかもしれないメニューを教えた結果、**二度と来店しなくなるケースは数多くある**からです。

宿題を欲しがるお客さまの共通点と対処法

宿題を欲しがるお客さまには共通の特徴があります。それは、初めて来たときからやる気があって、前のめり。「早く結果を出したい」と、モチベーションが高すぎるところがあります。

そういう人ほど、実は、結果が出ないと辞める確率が高いのです。宿題を出して、「先生のせいで効果が上がらない」＝「ここはダメ」という結論に至りやすいわけです。そこをコントロールする必要があります。

宿題を出さないことで、不快に思うお客さまもいるでしょう。そういう方に対して、私は正直にこうお伝えします。

「宅トレを教えることは簡単です。ですが、家でやってみて続かなければ、今のモチベーションは落ちてしまい、効果は出ません。なので、1カ月ぐらいセッションを続けてみて、あらためて○○さんに合わせた宅トレメニューをお伝えしようと思います。そうすれば、モチベーションを保ったまま目標に向かっていけると思いますよ」

そう言うと、納得してくださる方がほとんどです。

これが整骨院だとしても、対応は同じでしょう。

治療家として、固まった筋肉をゆるめ、骨を正しい位置に整えたとしても、お客さまが（教えたとおりではなく）自己流でストレッチなどを行ない、かえって状態を悪化させてしまうというのはよく聞く話です。そうすると、施術をやっても、やっても、イメージどおり治療が進んでいきません。だったら家で何もやらないでもらったほうが、身体も確実に良くなるというものです。

要するに、**途中で余計なことをすると、結果が変わってしまう**のです。そのまま煮詰めていけばおいしいカレーができるのに、いきなり大根を入れて水っぽくしてしまったり、イチゴジャムを入れて激甘にしてしまったり。あとからスパイスを足しても手に負えないレベルにしてしまうようなものです。

お客さまによっては、**「できれば、ネットの情報も見ないでください」**とお願いすることもあります。こちらは目標まで最短距離で行こうとしているのに、やる気のある人ほど情報を検索し、勝手なことをやって、かえって遠回りになってしまうからです。

宿題を出さないほうが、再来店率がアップ!?

その反対で、断る勇気を持てば、実はお客さまの再来店率が上がります。

モチベーションの高い人に「宿題」を与えた場合、結果が出なければ一気に冷めるのに対して、来店ごとに少しずつ効果を出し、ほど良いアベレージでモチベーションをキープしてもらうのです。その上で、相手が望めば「宿題」を出します。

宿題をやるとは、私が言ったとおりのことを、確実に再現してもらうということです。

同じ腰痛を和らげる腹筋でも、その方の状態によっては「合う腹筋」と「合わない腹筋」があります。その方に合う腹筋が家で確実にできると判断してから宿題を出します。そこでの効果を見越して次のセッションになるので、その判断に責任を持たなければ、お客さまを一瞬喜ばせただけになってしまいます。

実際には、**宿題を出さないのではなく、宿題を出しっぱなしにしないこと**が大事です。それを実践できれば、離脱率を下げることはできます。それだけでなく、ある程度成果が出てから、あらためて「宿題」を出すことで、お客さまの目指すゴールに早く到達するはずです。

「同業他社」の批判は、「自信のなさ」の裏返し

同業他社の批判で、どんなメリットがあるか？

どの業界にも同業他社は存在します。そして、同業他社のリサーチをしていると、「ここは違うんだよな」と思うことがあるはずです。

われわれの業界であれば、「そのトレーニングって、もう流行ってないよね？」「24時間ジムなんて、そもそも行く？」「手ぶらでOKのジムって、夏に着替えを持って行かなければ、汗でビショビショじゃん！」「あそこはクレームばっかりらしいよ」といった具合です。他にも、「暗闇でボクシングってどうなのよ？」「メイドさんのパーソナルジム？　ありえないでしょう！」など、言い出したらきりがありません（笑）。

しかし、同業他社に対しては批判しないようにしてみてください。

なぜなら、同業他社を批判したところで、**マイナス要素しか生み出さないから**です。

そもそも他店を批判すれば、人の悪口を言うのと同じで、いずれ悪口を言った本人に返ってきます。相手の耳に入った時点で、自店の悪口も言われる覚悟が必要です。

その悪口を自分のお客さまが聞いたとしたら、信頼もなくしてしまいます。いつの間にか攻撃の対象になっているのは自店のほうかもしれません。

また、新しいお店は絶えず出店しています。画期的な販売アイデアも日々生まれ、そこには人だかりができているかもしれません。それを「流行っているのも今だけだよ」と、指をくわえて見ているようでは、それこそ、あなたのお店はあっという間にピンチに立たされるでしょう。気がつけば、自分のお店のお客さまもそっくり新しいお店に取られているかもしれません。

それよりも、**同業他社や他業界のいいところ**を認めつつ、自店がもっと成長するように研究し、取り入れられるものは取り入れるべきです。すると、反対に同業他社がマネしたくなるような、斬新《ざんしん》なものになるのではないでしょうか。

他業界のプロモーション手法を取り入れてみる

商品そのものをマネるのではなく、消費者の購買意欲を喚起させるプロモーション活動において、他業界の手法を取り入れてみるのもおすすめです。

たとえば、ある老舗の和菓子メーカーでは、新商品を売り出すために、SNSで人気のクリエイターにダンスの振り付けを依頼。その動画がSNS上で話題となり、Z世代がそのダンスをマネして投稿する二次拡散に発展したそうです。また、別の和菓子メーカーでもツイッターやティックトック、インスタを活用し、若者世代の心をつかんで売上を上げたケースがあります。

年配者が好きな和菓子という商品を、デジタルネイティブにあえてぶつける発想もすばらしいのですが、「SNS売れ」した商品をリサーチし、自店の商品と照らし合わせてそのプロモーションのエッセンスを取り入れた結果、若者に刺さったのです。

これはスモールビジネスでも十分マネできることだと思います。

不動産業界で、珍しいプロモーションを行なっている会社もあります。建売住宅を販売するある会社では、見栄えのいい若者たちに路上でキャッチセールスをやらせています。いわゆる〝ナンパ方式〟で、「今日もいいお天気ですね」などと声をかけ、中年以上の女性の関心を誘った上でオープンハウスを見学させ、契約までもっていくのです。

他にも、業種として競合ではないけれど、**狙うターゲットが同じ**であれば、ライフスタイルは同じと考え、**プロモーションのやり方をリサーチしてみる**のもおすすめです。

他社をリスペクトしつつ、自社をポジティブに伝える

手法はいろいろありますが、結局のところ、同業他社を含めてリスペクトしながら、自店のいいところをポジティブに伝えることが重要です。それが、お客さまの信頼を勝ち取れるかどうか、成否を分けるポイントになります。

プロ野球選手などでもそうですが、良い選手ほど、相手チームをリスペクトし、「巨人さん」「ロッテさん」と「さん」づけしています。

われわれスモールビジネスも同じです。**業界があるからこそ、ビジネスが成り立っています。**業界全体が活性化しているからこそ、自分のお店にお客さまが来てくれるのです。これは、どの業界でも同じでしょう。

あなたもぜひ、自分が扱っている商品、サービスは、その業界のなかで生かされているんだという認識を持ち、同業他社へのリスペクトを持ちながら、ビジネスを進めてください。そうすることで共存共栄ができ、ビジネスをより長く行なうことができるはずです。

第7章

お客さまがファンになる質問の仕方
——予約のルーティン化

店に来なければいけない「仕掛け」をつくる

次の予約を取る、絶好のタイミングとは？

この章では、ボンディング接客術の「6原則」のなかでも、特に重要かつ最後のポイントである**「ボンディング・インターバル」＝「接触頻度の上げ方」**について話を進めていきます。

お客さまが定期的にリピートしてくれる仕組みをつくることは、商売における最重要課題です。

たとえば、健康食品や化粧品など**リピート性の高い商品**なら、「定期コース」のように継続購入を前提とした仕組みを用意しておくことで、リピート購入を促すことができます。それが習慣になれば離脱率が下がるだけでなく、お客さまは無意識に毎月お金を払ってくださり、先々までの売上が見込めます。

しかし、**予約スタイルのビジネス**の場合は、こちらから「次回の予約」を取りに行かなければ、二度と予約してもらえない可能性があります。

それでもお客さまに嫌われず、むしろ好感度を上げながら高頻度の接触を持てる秘訣があります。

それは、**予約のタイミングを早める**ことです。

私のジムでは、トレーニング開始前に会計を済ませていただき、「次回の予約」を取っていただいています。

エステサロンなどでは、施術が終わったあとに、「次のご予約はどうされますか?」と次の来店を促すのが一般的だと思います。それを先にやってしまうのです。そうすれば、施術が終わり、「では次回、○月○日にお待ちしております」と、笑顔でお客さまを送り出すだけで良くなります。

なぜ先に予約を取ったほうがいいのか？

では、なぜ先に予約を取ったほうがいいのでしょう。その理由は、施術やトレーニングを始める前のほうが、**お客さまのモチベーションが高いから**です。

お腹がすいた状態で飲食店に入ると、どれもおいしそうに見えてつい頼みすぎてしまうのと同じで、**モチベーションの高い状態を逃さずに声をかける**ことで、リピート率は確実に上がります。反対に、終了後はお客さまもお腹がいっぱいで、満足しています。ある意味、モチベーションが下がった状態です。そこで「次の……」と促しても、「予定がわからないので、こちらからまた連絡します」と言われて終わる可能性が高くなります。

些細《ささい》なことのようですが、どのタイミングで声をかけ、次回の来店を促すのか、もう一度検討してみる必要があります。

開始前の予約取りは、お客さまにもメリットあり!?

開始前に「次回の予約」を取ることとは、実はお客さまにとってもメリットがあります。

1つは、**自分の都合のいい日時や、好きな担当者を押さえられる点**。もう1つは、**自分自身にコミットメントを持つことができる点**です。

トレーニングで言えば、お客さまには目的があり、達成するまで続けるという前提がありますが、「自分で予約した以上、責任をもって次もがんばろう」と覚悟が決まるのです。実際に、先の予約が決まっているお客さまほど、モチベーションが落ちずに成果も上がりやすいというのが教える側の実感です。

予約を入れてもらうときのポイントは、**さも当たり前のように声をかける**こと。

「もし良かったら、次回のご予約どうですか?」などと遠慮がちに聞くのではなく、

「○○さん、次回の予約、入れてましたっけ?」

「来週もこの時間で良かったですか？」

という態度で、単刀直入に質問します。

飲食店なら、「もしよろしければ、食後のデザートはいかがですか？」ではなく、「デザートはどれにしますか？」と聞くようなものです。**相手の目を見て、明るく、元気に、当たり前のように声をかける**ことが大切です。

その勢いで相手の背中を押してあげるのです。なぜなら、**こちらの提案に乗ってもらうことが、そのお客さまの幸せに直結するから**です。嫌われることを恐れずに、自信を持って接触することを心がけてみてください。

直接言わずに、次の予約を取る「仕掛け」

しかし、「そこまではっきり言う勇気はない」「施術前に予約を取るのはハードルが高い」と言う人もいるでしょう。「無理やり予約を取ろうとしているようで恥ずかしい」という気持ちもあるかもしれません。

たとえば、美容系サロンの場合、店内の目につくところに「まつエク効果は○週間」「次のネイルのお手入れ時期は1カ月後！」など**POPにして貼っておく**、また、**担当者別の予約カレンダーを置いておく**のもおすすめです。

美容師さんなら、カットしながら「このカットは3週間ぐらいするとはねてくると思うので、それを超えたぐらいで予約を取ってもらうといいですね」「そろそろ成人式のシーズンなので、早めに（私を）押さえてもらわないと、予約が取りづらいかもしれません」と伝えるのも、**背中を押すひと言**になると思います。

お客さまにとって**「私はこの人じゃなきゃダメ」という存在**になっていること。また、その空間がお客さまにとって**「快適」な場所になっている**ことが大前提ですが、次の来店目安をお客さまの視界や耳に入れておくことで、会計時、よりスムーズに次の予約を促すことができるはずです。

リピートには「進捗チェック」が必須

変化を追いかけ、不安を取り除く

お客さまにとって、購入したサービスが悩みの解消に役立っているか確認することは、何より重要です。

たとえば、髪を切ったら、それが自分に似合っているか。ボイストレーニングに行なったら、講師に教わったとおりに歌えていたのかなど、お客さまはお金を出す前より、出したあとの変化が気になるものです。

そこで、われわれがやるべきは、毎回、必ず進捗状況をチェックすることです。つまり、**アフターフォローをしっかり行なう**のです。

なぜなら、サービスを受けた結果、少しでもいい方向に変化したことがわかると、顧客は不安がなくなり、**「やっぱりやって良かった」と満足度が上がります。**そして、**より安心感を持って「またサービスを受けよう」と思う**からです。

そのひと手間を加えるだけで、お店への信頼が高まり、おのずとリピート率は高くなります。

リピート率が上がる「アフターフォロー」のやり方

ここでリピート率が上がるアフターフォローのやり方について、手順を追ってお伝えしたいと思います。

大事なのは、「何のためにするのか」を常に頭に置きながら行なうことです。

①主観的情報を聞き出す

サービスを受けてみて、お客さま自身がどう感じたか、**最初にヒアリングする**ことがとても大切です。すると、お客さまが抱えている本当の悩み（インサイト）を聞き出すことが可能になります。

②こちらから客観的情報を伝える

肝心なのは、**お客さまの承認欲求を満たしてから、プロとして客観的に評価する**ことです。まず相手の考えを肯定し、受け入れなければ、こちらの話を信用してもらえません。その上で、相手が理解していない点があれば、新しい気づきを与えることで、モチベーションの維持につながり、さらなる成果が期待できます。

③次回のプランを提案する

①でインサイトを聞き出すことができれば、ネクストプランは出しやすくなります。そして、気持ちを新たに**今後のビジョンを共有**します。また、目的は合っているのに改善が見られないときは、別のプランを提案します。

このときのポイントは、**ネガティブに伝えない**ことです。

たとえば、「あなたの髪質は老化が進んでいるので、トリートメント剤を替えてみましょう」と言ったとしたら、相手は傷つくだけ。コミュニケーションが後ろ向きになると不快に感じ、言った相手を良く思えなくなるのが人間です。「そろそろエイジングケアを始めてもいい頃ですね。トリートメント剤を替えるだけでも、髪にツヤが出てきますよ」など、**あくまで前向きに、明るい未来を描けるように伝える**のがポイントです。

これは、どんなジャンルのお店にも通用します。なぜなら、**アフターフォローが必要ない業種など存在しない**からです。

顧客満足度を上げるためには、少なくとも、「届けた商品に問題はなかったか？」「サービスをちゃんと利用できたか？」のヒアリングする必要があります。

家なら当たり前ですが、「引っ越しされて1カ月、お住まいはいかがですか？」「何か気になるところ、ご不便はありませんか？」と聞くでしょう。家を建てるのが初めてだと、何が不便かもわからないので、こちらから、「北側の壁は水が溜まりやすいので、ちょっと見てもらっていいですか？」「何でもいいので、ご意見、ご感想をお聞かせください」と質問すれば、相手も答えやすくなります。

また、プランの提案と言っても、「3カ月後にお家を見に行かせてもらっていいですか？」「何かあったら、私の携帯に電話をもらえたらすぐに対応しますね！」と伝えるだけで、**お客さまにとっては大きな安心材料**になります。

逆に言えば、「届けた商品がどうなったか気にならないようなお店から、ものを買いたくない」のが購入者の本音です。

たとえば、フグ料理を食べに行って、翌日、「今日はご体調いかがですか？」とお店からメールが来たとしたら、「このお店はそこまでフォローしてくれるのか。それだけ**真剣にお客さんのことを考えている**んだな」と思うでしょう。

そんな思いが通じたとき、顧客ロイヤリティが高まり、リピート率が向上すると同時に、リピート顧客の増加も見込めるのです。

「目標達成」の絶対条件として「2回先」までの予約を取る

「2回先」までの予約を取るために、絶対やるべきこと

「コミット」という言葉が世の中で流行るようになったのは、2014年にライザップのCMが流れ出したころからではないでしょうか。

「結果にコミットする」。これはとても有名なフレーズです。私のジムでも、お客さまには「必ず結果を出していただけます！」と断言しています。

ですが、そのためには、やはりお客さまとの「絆」が重要です。

私のジムでは、まず体験トレーニングのときに、「必ず週1回来ていただくこと」

をお約束してもらっています。

人によって、目標はさまざまですが、ほとんどの場合、月1～3回では結果が出ないからです。

目標は「理想の体重」だけではありません。「コンテストに出場すること」や「写真撮影」など、お客さまと相談しながら一緒に晴れ舞台となるイベントを決め、そこに向かって二人三脚でがんばります。

そのために**「目標達成のために2回先までの予約を取る」というルール**を設けています。長期計画があるからこそ、お客さまも次回の次回まで、予約を取ってくださいます。

ここで大切なのが、長期計画のなかで、**今、階段の何段目を上っているのかを毎回共有し合う**ことです。

絆をつくり、一緒に階段を上るスタイルでなければ、お客さまは「2回先」までの予約を取ってはくださいません。「次の予約」は、「売上確保のための小手先戦術」だと思われてしまうだけです。

業種別で解説、2回先までの予約を取るアイデア

この「長期計画に向けての2回先までの予約」というシステムは、どんなビジネスにも取り入れることができます。

各ビジネスで、こんなアイデアがあります。

①美容室

お店が主催する「ヘアスタイルコンテスト」に出場するという目標のために、「2回先」の予約をするシステムにする。

②洋服のセレクトショップ

「コーデ選手権」出場のため、「ファッションアドバイス予約」を定期的に取ってもらう。

③飲食店

「〇〇マイレージ」×「早期予約マイレージアップ」制度をつくり、マイレージが貯まると特典がもらえたり、「新メニュー開発」に参加できたりする。

④講師、インストラクター

「生徒から運営スタッフへ」「さらに講師として独立」というキャリアプランを描き、週1回必ず通ってもらう。

特に、お客さまとの距離が近いスモールビジネスの従事者こそ、「お客さまの人生を豊かにする喜び」を存分に感じられると思います。

革命家チェ・ゲバラの名言に次のものがあります。

「人間はダイヤモンドだ。ダイヤモンドを磨くことができるのは、ダイヤモンドしかない。人間を磨くにも、人間とコミュニケーションを取るしかないんだよ」

ダイヤモンドは、その最高硬度から、ダイヤモンドでしか磨けません。あなたがファルネスを感じながら、お客さまと一緒に階段を上ることで、あなたとお客さまという「2つのダイヤモンド」が同時に磨かれていくのです。

「オーダーメイド」で浮気防止

お金も人手もかからない、「オーダーメイド」サービスのつくり方

商品やサービスには、「付加価値」という言葉がよく用いられます。付加価値とは、ひと言で言えば「商品やサービスにプラスされる価値」のことで、これを高めることによって購買欲が上がり、お店は利益を得る仕組みになっています。

では、どうやって高めるかということですが、考えてもなかなか思い当たらないと言う人は、**オーダーメイドの提案**ができないか、検討してみてください。

そう聞くと、「お客さまのオーダーを聞いて、ゼロからつくるなんて無理」「そんな

マニアックな技術は持っていない」「うちにはそんな時間もコストもない」と思うかもしれません。

でも、安心してください。オーダーメイドと言っても、難しく考える必要はありません。それに、これからお話しするオーダーメイドは、お金も人手もかかりません。

まず、やっていただきたいのは、**今の自分の商品を細かく棚卸しする**ことです。技術を伴うサービス（自分自身が商品）の場合は、ご自身の持っている知識、経験、テクニックをすべて棚卸ししてみてください。そして、それを**お客さまのニーズに合うように再構築する**のです。

トレーニングであれば、運動を行なう順番や回数、強度などをお客さまに合わせて変えることによって、立派なオーダーメイドになります。飲食店なら、今あるメニューを組み合わせるだけで、新しい商品をわざわざつくらずともオーダーメイドが完成します。

たとえば、フレンチレストランで、予約のお客さまがその日「結婚記念日」だとわかったら、プレートにお祝いのメッセージを入れて特別感を出すとか、思い出に残るようにテーブルフラワーをちょっと豪華にするとか、コースになかったグラスシャンパンをサプライズでプレゼントするといったことも、オーダーメイドになるはずです。

ちなみに、私がよく行くイタリアンには、常連さんの名前を冠した「〇〇ランチ」というメニューが存在します。実際には、パスタとピザがワンプレートになっているだけなのですが、「どっちも食べたい。でも、量は抑えたい」というニーズに答え、その方専用のオリジナルメニューになったそうです。それを聞いた私は、かなりうらやましかったです。自分なら、うれしくて週に最低2回は「日野原ランチ」を食べに行くでしょう（笑）。

このように、**お客さまから与えられた情報のなかで、お店として最大限できることをして差し上げればいい**のです。それが「オーダーメイド」なのだと、ここでは定義したいと思います。

オーダーメイドには特別な意味がありますが、**マニアックになる必要はありません**。お客さまは自分のために工夫を凝らしてくれ、納得して購入したという事実に付加価値を感じるのです。

こんな「オーダーメイド」は逆効果

反対に、やってはいけないのは、**間に合わせの商品にしない**ことです。こちらはお客さまのためにオーダーメイドを組んだつもりだとしても、それが**お客さまの納得できるものでなければ意味がありません。**

また、技術系あるあるとしては、相手のニーズや悩みではなく、**サービスをする側の趣味趣向に走っているケース**もあります。あくまでお客さまのニーズに応えるオーダーメイドでなくてはなりません。

つまり、知識や技術、経験がどれだけ豊富でも、お客さまとの信頼関係がなければニーズを引き出せず、中途半端なものしかできあがらないということです。

裏を返せば、**お客さまとしっかりボンディングし、クライアントデータを十分把握する**ことで、初めて相手に合わせた提案ができます。これはどんなお店でも応用できるはずです。

たとえば、お客さまの趣味、好きな色、行動パターンなど、情報が多ければ多いほど、商品の色の提案、用途の提案、値段の提案など、さまざまな提案ができます。

ネイルサロンなら、その人専用のジェルカラーを仕入れるのではなく、今ある色バリエーションのなかから組み合わせて、「その方らしいデザイン」をしてあげればいいのです。お店側がその方のためにどんな工夫ができるか、真摯に考えることが大事です。

その方の満足度が期待値を上回れば、**「このお店は自分のことをとてもよく理解してくれている」**と思ってもらえ、お店のファンにすることができるはずです。

「あの話の続き」をしたくなる「雑談テクニック」

雑談が苦手な人のための、7つの雑談ネタ

お店を経営している人にとって、雑談力は不可欠です。ここで言う雑談力とは、たわいもない会話を通してお客さまとの距離を縮め、良好な信頼関係を築くスキルのこと。雑談を通じて「自分に関心を持ってくれた」という感覚や、共通点の発見といったことが信頼関係につながり、お客さまにとって心強いパートナーになることができます。

そうは言っても、「雑談は苦手」「口下手で何を話していいかわからない」と言う人

もいるでしょう。そんなときは、次の7つのネタを参考にしてみてください。

①天気・季節の話

「毎日本当に暑いですね。暑さ対策、何かしていますか？」

「そろそろお花見シーズンですね。もう桜は見ましたか？」

②近隣の情報

「駅の横に新しいスーパーができたのをご存じですか？」

③相手の変化

「髪型、変えましたか？」

④相手の仕事

「最近、お仕事は大変ですか？」

⑤相手の趣味

「○○さん、お笑いはお好きですか？」

⑥最近の話題

「WBCは見ていますか？」

⑦（上級テクニックとして）自分の聞きたい話題

「秋からランニングを始めようと思っているのですが、○○さんはランニングされますか？」

たとえば、こんな雑談ネタを持っているとコミュニケーションがスムーズになるはずです。

他にも、対象が男性なら時事ネタ、金融・経済、ゲーム、漫画、ゴルフ、車の話。女性ならテレビ・ドラマ・映画、好きな芸能人、コスメ、ファッション、血液型・占い、ペット、旅行の話などは鉄板ネタと言えます。

お客さまと自分との共通点を見つけながら、どんどん会話していきましょう。

雑談をリピートにつなげるコツ

ここで大切なのは、**そのとき聞いたお客さまの情報をしっかり覚えておく**ことです。

特に、来店された目的や、相手が大切にしている趣味について、1回聞いたことをこちらが忘れてしまい、同じことを2回聞いてしまったら最悪です。モチベーションが一気に下がるのはもちろん、接客者に対する信頼度もガタ落ち。軽いキラー話題を見つけてボンディングするつもりが、かえって自分で自分の首を絞めることになります。

反対に、いい例としては、お客さまのトレーニングの進捗状況（カルテ）はもちろん、雑談の内容までノートに細かく記録していたスタッフがいました。**松本清張の『黒革の手帖』**ではありませんが、昔いたスタッフは、たわいもない**雑談を貴重なお客さま情報としてすべて書き記す**ことで、お客さまから絶大な信頼を得ていました。

予約のお客さまが来る前にノートを開けば、今日盛り上げるネタがすでに書き込まれているので、あとは「○○さん、この間おっしゃっていたあれは、どうなりましたか？」と口火を切るだけ。あなたも試してみれば、お客さまから愛されること間違いなしです。

ただし、苦労してつくったノートも雑談だけで終わらせてしまったら意味はありません。

雑談はあくまでお客さまの情報を得る手段。最終的に商品の購入やリピートにどうつなげていくかが重要です。

ポイントは、**相手の興味関心を理解した上で、商品を説明する**ことです。

商品説明する際、たとえ話を入れることがありますが、お客さまが具体的にイメージしやすいよう、**相手の関心の高いことを例に出す**のです。

たとえば、ゴルフが趣味という女性がダイエット目的で来店したら、私はこのように伝えます。

「ドライバーを打つとき、こういうスタンスを取りますよね。そのときみたいにひざをちょっと落として、テイクバックのふりをしてみてください」
「そうです！　そのとき腰は動かさずに、胸が回っていますよね。今やっているのは、その胸の動きを取り入れたトレーニングなんですよ」

そんな風に伝えると、しっかり腑に落ちて、正しい動きが取りやすくなります。つまり、**お客さまの情報を知ることによって、商品をより効率的に届けられる**というわけです。

あなたもぜひ、雑談というコミュニケーションツールで共感性を高めながら、お客さまのニーズに応えるための最高のサービスをしてあげてください。必ず相手の心をつかみ、ボンドがはがれなくなるはずです。

顧客タイプ別「辞めたい」と言われたときの対応策

嫌われるのは承知で、コレを聞く

接触頻度の高かったお客さまから「辞めたい」と言われたときは、とても寂しい思いをするものです。売上が下がること以上に、これまでひいきにしてくださったお客さまを失うショック、商品の良さを相手に伝えられなかった後悔が重くのしかかってきます。

しかし、そこであきらめてはいけません。嫌われるのは承知で、**「なぜ辞めたいのか」の理由を聞き出してみてください。**その結果、お店の改善点を発見できるかもしれません。

一般的には、お客さまが辞めたい理由は大きく3つあります。

◎辞めたい理由①「物理的に通えない」

お店の必要性は感じてもらっているのに、遠いところに引っ越してしまうような場合です。でも、お客さま自身が「違う土地に行っても続けたい」という意思があれば、レッスン系ならオンラインで関係を続けることも可能です。あるいは、その土地に信頼できる人がいれば、ご紹介するのもありだと思います。

家庭や仕事に時間が取られて、今は続けることが難しいという場合は、家でもできる方法をアドバイスするなどして、いつでも再開しやすい環境を整えてあげましょう。

◎辞めたい理由②「金銭的に続けられない」

金銭的な理由も、お店の必要性は感じてもらっています。ただし、お客さまの収入と支出のバランスが崩れているので、今までどおりの提案はできません。それでも効果を感じていたものを完全に辞めてしまうと、後悔するのはむしろお客さまのほうです。細く長く続けるために「週1回を隔週にしてはどうですか？」「パーソナルレッスンからグループレッスンにしてみませんか？」などと提案するのがおすすめです。

◎辞めたい理由③「商品の必要性を感じなくなった」

ここで注目すべきは、お客さまは一度でもその商品の良さを感じて開始している事実があるという点です。こういうときこそ、世界一の愛用者の立場でアドバイスすることが大切です。

たとえば、モチベーションが下がっているお客さまのなかには、最初に受けた商品説明を忘れている方もいます。そこで、「最初の頃のようにアンチエイジングの効果を感じなくなった」と言う方には、あらためて商品について解説します。

「加圧トレーニングを続けると、血流を制限することによって血管内部に乳酸がたまり、それが脳への刺激になって成長ホルモンを出すという話、しましたよね？　成長ホルモンはアンチエイジングホルモンとも言われているように、肌ツヤは絶対に良くなっているんですよ」

そうやって、**〝自分が何のために今までお金を払っていたのか〟を思い出させてあげる**のです。

美容液などでもそうでしょうが、最初は特別だと思っていたものが、続けるうちに当たり前になってしまうというのは、よくあることです。それが当たり前ではなかったことに気づくのは、実はやめて2、3カ月経ってからです。

そんなお話をすると、「辞めるのをやめた」とおっしゃる方がほとんどです。

再び戻ってきていただける関係づくり

重要なポイントは、無理に商品の継続を勧めることではなく、売り手側がどれだけお客さまのこれからの人生について真剣に考えられるか、ということです。

あなたも、自分たちができるギリギリのところまで相手に寄り添い、正しい情報を理解してもらい、辞めたあとの状態の変化まで伝えてみてください。

そうすれば、一度は辞めてしまっても、また戻ってきていただけるような関係性がつくれるはずです。

おわりに

最後に、私のフィットネスとの出合いについてお話しします。

大学生のときに演劇部に入り、卒業後も役者として活動していました。

その頃、アクション俳優をやっていたので、あるとき先輩に「役者で食っていくなら、もっとトレーニングをして身体を鍛えろ」と言われました。

そこで私はスポーツジムに入会し、その後、「お金を払うよりもらうほうがいい」と考え、アルバイトでインストラクターを務めるようになったのです。

当時の私は、俳優として、藤原竜也さんの映画にも出演したこともあるのですが、役者としては「鳴かず飛ばず」の状態でした。

ところが、ジムではなぜかたくさんのお客さまにご指名いただける「人気ナンバーワンのインストラクター」になれたのです。

その理由は、役者の経験から、こんな哲学を学んでいたからだと思います。すなわち、「舞台は1人でつくるものではない。どんな名優がいても、他の役者、そして観客と一体になってこそ、最高の舞台ができるのだ」と。

この価値観が、スポーツジムのオーナーになったときも役立ちました。私がインストラクターとしてお客さまに接するとき、**「観客と一緒につくる舞台」**を意識したのです。

舞台は、感動をつくりあげることが目的です。それと同じで、スポーツジムでは、**お客さまに目標を達成していただくことが「感動のラストシーン」**になります。

感動を生み出すには、お客さま一人ひとりがハッピーエンドを迎えるシナリオを書く必要があります。そのために、私は睡眠時間を削って勉強し、専門資格を20種も取得しました。当初、私のジムでは、メニューありきではなく、お客さまの目標ありきでメニューをつくっていました。それらのメニューを全部提供するには、20種の専門資格を取る必要があったのです。

しかし、資格だけでハッピーエンドを迎えることはできません。それを一人ひとりに正しく伝えるためのコミュニケーション・スキルが必要でした。

そこで生まれたのがお客さまとラポールを築くための「ボンディング接客術」です。ラポールはフランス語で「橋を架ける」という意味があります。橋がなければ人も物も川を渡ることができないように、ラポールがなければ心と心を通わせることができません。すると、お客さまに感動のラストシーンを味わっていただくこともできなくなります。

そこでボンディング接客術を使い、なかなか人に話せない悩みや本音も気兼ねなく話せる関係性を構築した上で、ハッピーエンドへと進んでいったのです。

ここまで数多くの失敗もしてきましたが、そんな私をずっと支えてくれたのが、私の人生をかけた目標「Life is Beautiful＝出会った人の人生を少しでも美しくする」です。

ここには、実はもう1つ、私が出会った人が、また別の人と出会うことによって、さらに幸せが広がってほしいという意味も含まれています。

今後の自分のミッションに、「60歳まで現役の指導者」「売れ続けるトレーナー・インストラクターの養成、お客さまと一緒に感動できる人材の育成」「企業向け出張ヨガサービスの拡大」「企業向けコミュニケーション・アドバイザー」などがありますが、そのどれもが、ミッションのその先にいる人たちが笑顔であってほしいという想いから生まれています。

お客さまと一緒に感動できるインストラクターを育て、その先のエンドユーザーを笑顔にしたい。

企業アドバイスによって、その先のビジネスにかかわる人たちを笑顔にしたい。

出張ヨガも同じく、インストラクターを介してその会社の社員さんたちの笑顔を増やしたい。

これらに共通しているのは、いいコミュニケーションの連鎖があったらうれしいということです。

これが私の最終的な目標であり、夢でもあります。

この夢を達成するためにも、これからも変わらず、「ボンディング接客術」で目の前の1人に魂を込め、一緒に目標を達成するという感動を創出しながら、固い心の絆をつくっていきたいと思います。

最後までお読みいただき、どうもありがとうございました。

本書でお伝えした内容が、あなたのスモールビジネスにおけるリピート集客のヒントになれば、著者としてこれほどうれしいことはありません。

2023年10月吉日

日野原大輔

【著者プロフィール】

日野原大輔（ひのはら・だいすけ）

ジム経営者。スモールビジネス専門集客コンサルタント。
1976年、福井県出身。サラリーマンの養父、専業主婦の養母に育てられる。活発な幼少期を過ごし、小学生時代は生徒会役員、サッカー部の副キャプテンを務める。中学、高校時代、野球部の活動に励む。千葉商科大学に進学し、演劇部の活動に励む。卒業後も演劇を続け、映画（藤原竜也の映画）に出演。当時先輩に「役者で大成したかったら肉体を鍛えろ」と言われ、スポーツクラブでアルバイトを始める。すると、売れっ子のパーソナルトレーナーとなり、個人売上は平均月80万円以上、営業成績は120店舗中で全国3位内を8年キープ、店舗売上№1を8年キープした。26歳のとき、役者よりもトレーナーとして一流になる道を選択する。2009年、独立し「加圧スタジオLib」を開設。「お客さんを喜ばせる日本一のスペシャリストになりたい」という理由で、20種の資格を取得。2019年、東京都台東区にヨガスタジオMAKOTOを開設。2021年、同区に「ピラティススタジオFeel Body」を開設。また、ジム運営をする中で編み出した「ボンディング集客術」を軸に、パーソナルトレーナーやフィトネスインストラクターそしてスモールビジネスオーナーに向けた経営セミナーを実施している。人生のミッション「Life is beautiful 出会った人々の人生を少しでも美しくする」を基に「お客さんと一緒に感動する人材」を一人でも多くする事を目標に活動をしている。

神・リピート集客術

2023年11月20日　初版発行

著　者　日野原大輔
発行者　太田　宏
発行所　フォレスト出版株式会社
〒162-0824 東京都新宿区揚場町2-18　白宝ビル7F
電話　03-5229-5750（営業）
　　　03-5229-5757（編集）
URL　http://www.forestpub.co.jp

印刷・製本　日経印刷株式会社

ISBN978-4-86680-239-8 Printed in Japan
乱丁・落丁本はお取り替えいたします。